数字基层治理的
变革与趋向

SHUZI JICENG ZHILI DE
BIANGE YU QUXIANG

魏家齐 / 著

中国社会出版社

国家一级出版社·全国百佳图书出版单位

图书在版编目（CIP）数据

数字基层治理的变革与趋向 / 魏家齐著． —— 北京：

中国社会出版社，2024．6． —— ISBN 978-7-5087-7059-8

Ⅰ．D63-39

中国国家版本馆 CIP 数据核字第 2024RN7606 号

数字基层治理的变革与趋向

出 版 人：程　伟
终 审 人：李新涛
责任编辑：张耀文
装帧设计：时　捷
出版发行：中国社会出版社
　　　　　（北京市西城区二龙路甲 33 号　邮编 100032）
印刷装订：北京九州迅驰传媒文化有限公司
版　　次：2024 年 6 月第 1 版
印　　次：2024 年 6 月第 1 次印刷
开　　本：170mm×240mm　1/16
字　　数：160 千字
印　　张：11.5
定　　价：46.00 元

目 录 Content

导论 数字时代的中国基层社会治理情境

一、数字时代的新逻辑

自人类工业文明起步发展以来，工业生产在一定程度上影响着人们的生存方式，乃至社会发展趋势。从蒸汽机取代手推磨所引发的社会生产力变革，到"电气时代"生产力的极大发展，再到 20 世纪 40—50 年代科技领域以计算机为代表的信息技术的重大飞跃，尤其是进入 21 世纪以来，电子信息技术的广泛应用与迭代升级，标志着人类已迈入数字时代，面临着数字化转型的全新挑战。当今世界，对于各国社会治理领域而言，数字技术的发展不但推动了人类迈向数字社会，而且推动了国家社会治理体系的现代化进程，工业时代的社会治理秩序也在持续瓦解与重构，以数字化为典型特征的新型社会治理秩序在不断发展和深化。

"数字化"中的"化"字，常作为科技词汇的构成部分，如"工业化""电气化""电子化""自动化""信息化""数字化""智能化"等，它表达了人类社会和科技事物的发展超越传统、过去和落后的状态，代表着生产力的进步和效率的提升进入新阶段，从逻辑上可归纳于一个统称的概念——"现代化"。不止于此，"现代化"一词还代表着动态的特征，借用语言学术语可将其表达为既是"完成时态"也是"进行时态"，可见其内涵外延与时俱进、不断延伸发展、意蕴丰富，这主要是由科技不断发展进步这一重要因素驱动的。回顾人类社会迄今为止历经的四次天翻地覆的科技革命，第一次科技革命以水力发电和蒸汽动力的初期机械自动化替代了手工操作，美国凭借强劲的制造业在全球贸易中占据重要地位；第二次科技革命以电机发明为起点，电力广泛应用推动了机械化到电气化、自动化的转变，继而引发全球科技革命，法、英、日、俄等新兴强国走上国际舞台，第二次世界大战后的世界形势亦反映出各国的技术代差；第三次科技革命是以核能、计算机、空间技术、生物技术等多个行业的信息内容控制系统性改革为特征，此时中国与西方国家一同进入探索信息管理和通信行业空间；第四次科技革命以智能系统为典型，人工智能、量子通信、虚拟现实等尖端技术迅猛发展，推动了数字化、信息化管理和智能系统的紧密结合，全方位介入经济社会发展各个领域。如今，我们正处于全球经济社会加速向信息化数字化智能化方向发展的大时代，这场信息技术革命必将给我们带来一场系统性由表及里的连带革命，推动各个领域的系统性重构，涉及政治、经济、社会、科技、文化等多个方面。这就是数字时代，也有人称为大数据时代。在数字时代，所有物理化表象都要通过数字来衡量、测度和计算并且验证，这场技术革命正在重塑人类的生产生活方式，推动产业升级和经济结构的深刻变革。

在我国，我们正处于第四次科技革命中，现代数字信息技术全方位地渗透政治、经济、社会、文化等各个领域，"数字政府""数字经济""数字社会""智慧城市""智慧社区""数字化社区"等以数字技术作为标签的新概念在理论界与实务界频繁出现，也逐渐改变了民众的工作和生活习惯与方式。从近些年的实际情况看，我国政府在把握数字革命主动权、学习先进技术以及赶超国际先进水平方面展现了强大的能力，政府不仅在顶层设计上进行了系统性规划，还在具体部署和设施建设上采取了切实有效的措施，并配套了一系列支持政策和激励机制。如党的十九大报告提出"提高社会治理社会化、法治化、智能化、专业化水平"，党的十九届四中全会强调"推进数字政府建设，加强数据有序共享"，这些相关规划和支持政策释放出巨大利好，推动数字化贯穿国家运行的各个领域。基层是国家运行体系中的最基本层级，基层社会治理是国家治理的基石。要夯实国家治理根基，就要着力加强社区治理现代化建设。"社区治理现代化"最初在党的十八届三中全会上被正式提出①，后在《中共中央 国务院关于加强和完善城乡社区治理的意见》②中首次指出要"推进智慧社区信息系统建设"，再到《中共中央 国务院关于加强基层治理体系和治理能力现代化建设的意见》③对"加强基层智慧治理能力建设"作出系统性纲领指引。从历时性角度来看，通过这些年的"持续强化"，推进社区这一国家政治结构中最基层的权力运行方式转变，是对信息智能互联时代趋势的政策性回应，也是实现社区治理现代化的必然选择，国家治理、社会治理、基层治理乃至个人生活由此从内而外地逐步发生化学反应，中国数字革命迈向更高水平。像浙江的"数字化改革""未来社区"，北京的"智慧社区""城市大脑"等，其所印证可见一斑。

通过对前面客观事实的描述，从经验上升为规律，对于学术研究而言意味着什么呢？笔者认为至少可以得出两个结论：一是人类社会先后经历的四次科技革命，每次科技革命对不同国家和社会的影响都深远且深刻，体现了科技创新这一巨大的引领价值。数字化的到来引领了全球数字革命，将世界各国重新放到同一起跑线上，这意味着出现了提档升级、改变自身发展地位的新机遇，"弯道超车"或意在于此。二是西方社会治理理论及治理模式不再是固化、一成不变的样本，而是某一特定发展阶段的

---

① 2013 年 11 月 9 日，党的十八届三中全会在京召开，会议提出"推进社会治理方式和治理能力现代化"等重要内容。

② 2017 年 6 月 12 日，中共中央、国务院出台意见，加强和完善城乡社区治理。

③ 2021 年 4 月 28 日，中共中央、国务院出台意见，加强基层治理体系和治理能力现代化建设。

成果。第四次科技革命为建构"中国之治"的国家治理体系，发展基于中国特色的社会治理理论提供了全新方法论，数字化变革为我们理解"中国式现代化"打开新的视野和可能。一言以蔽之，数字化为加快实现中国式现代化敞开了千载难逢的机会窗口。

那么，进入本书的主题，就中国社会治理而言，数字时代终究带来了什么？从全国范围来看，各地广泛开展的"最多跑一次""数字化转型"等数字政府建设改革实践，让我们切身感受到第四次科技革命对公共管理视野和社会生产生活的浸入式影响，对数字化的感知已由抽象变为亲历。从政府治理维度来看，由于受到不同时期技术迭代升级的影响，政府信息化数字化发展经历了从 20 世纪 90 年代信息化工程开始的电子政府建设到信息政府再到打造数字政府 3 个阶段，从最初的使用电子计算机网络技术到如今的物联网、大数据、云计算、区块链、人工智能等"全面开花"，有学者将此称为"数字治理"实践，也统称为"数字政府建设"，呈现出电子政务、数据治理、平台政府等不同发展阶段的演进。显然，这是数字化带来的时代红利。

社会治理是国家治理的重要部分，"数字政府"建设是推动政府社会治理变革的重要目标，而与之统一的"智慧城市"建设则是其表现形式，也是推进国家治理体系和治理能力现代化的关键环节。"基础不牢，地动山摇"，其中，基层治理工作是基础，正是由于我国社会治理的重点在基层，民心也在基层，加强基层基础工作、提高基层治理能力更显得尤为重要。基层强则国家强，如何加强基层治理，让基层硬核升级，是政府开展工作的目标旨向。进入 21 世纪，互联网时代下经济社会变迁转型，数字技术嵌入基层治理活动，以赋权方式推动社会主体更加紧密沟通，以赋能的方式促进公共服务更加精准高效，由此逐步形成了数字技术支撑基层治理新形态，即"数字基层治理"。数字时代也相应引发了讨论，目前大数据、物联网、人工智能等数字信息技术与新基建广泛用于城市社会发展，全方位嵌入城市治理和居民生活各个领域。毋庸置疑，在信息时代智能互联的大背景下，技术革新的确给社会治理变革带来了难得的历史发展机遇，但此条件下的基层治理是否真正有效？笔者认为，离不开基层治理的现代化，具体而言，就是数字化推动基层治理模式的转型，这也是本书展开的逻辑起点。有鉴于此，本书以"智慧社区"这一典型样态为例，围绕北京数字化社区治理模式相关案例，按照"现状—问题—对策"的逻辑主线进行阐述，希冀展示出数字基层治理的适用性、有效性和现实性，并提出对未来发展的一些建议。

基于此，本书以数字时代下的基层社会治理为逻辑主调，旨在认真思考其所带来的内容主旨。其一，融合国外治理理论，进行我国数字基层社会治理理论创新，以数字化为切入点，深入探索数字技术赋能基层社区治理的逻辑机理，有机融合数字技术嵌入社会治理的理论节点与实践脉络，探索数字化社区治理框架，探讨其基本内涵、有机构成以及制度创新、演化、扩散的一般规律，这将有助于在中国式现代化道路上推进社会治理现代化，为提升社区治理现代化水平提供一定的理论支撑；其二，结合典型案例，从技术与治理的维度描绘基层治理水平提升的新场景，完成本书的作业，把握数字时代下技术优势与治理模式相互融合出现的总体情境，为科学思考奠定扎实素材基础。诚如前文所述，整个过程既述其宏旨，又阐幽发微，内容多具参考意义，可为政府审视"智慧社区"建设成效和基层治理与服务提供一定的参考价值。

此外，需要说明的是，本书的研究思路和事实依据很大程度上来源于北京"数字化社区"治理实践。之所以选择北京市，是考虑到其作为"首都的北京"和"地方的北京"，其治理主体、治理对象、治理手段、治理结构的复杂丰富，足以展示有关情况的多重性，其充分实现"超大城市治理""城市治理""基层治理"的多层治理目标，在一定程度上也足以匹配国家治理的宏大叙事，是国家治理的缩影。再者，从近几年北京这座超大城市治理的实际情况来看，数字化社区建设已成为北京市数字经济建设六大标杆工程之一。在面对新冠疫情、公共安全、养老服务、民生诉求等多方面的治理压力时，智慧社区、数字化社区建设依托数字技术推广应用和特定区域试点运用已初显成效，实现了处于"毛细血管"的基层社区在管理理念、工具手段、方法模式上发生的本质变化，展现出以数字技术确保高效精准对接居民急难愁盼与安全风险防范问题能力，基层治理真正做到了系统化、精细化、高效化和主动性。

二、数字基层治理的双重意义：治理与现代化

与实践发展相适应，前文提到的数字政府建设和中国式现代化，掀起了近年来国内社会科学界的研究热潮，这一趋势广泛覆盖哲学、经济学、社会学、法学、政治学、公共管理等多个领域。在这一过程中，新名词大量涌现，如数字技术、数字治理、数据治理、算法、算力、数字伦理、数字赋权、数字赋能、数字利维坦等，不一而足。与此同时，随着数字技术的不断迭代升级，各种用于城市管理和人们生活各个场景的创新方案、架构设计、产品服务等相继出现，为数字政府建设提供了强有力的技术支撑，这都是中国式现代化的创新实践。

社会科学始终关注社会发展的变迁规律，面对社会变革和重大现实挑战，总能激发出新的研究思路、范式、模式等。数字基层治理作为数字技术与社会治理的交叉融合的学科研究领域，正是术与治的结合，是社会科学研究的新型范式。究其深层次意义，可从治理与现代化的视角出发进行分析。

（一）治理的角度

治理源于实践需求，旨在解决现实问题。数字政府建设作为政府治理的新样态，正引领我们进入数字化治理转型关键期。这一过程不仅致力于突破传统科层体制中存在的弊端，还积极重塑政府的行政行为和运作机制，并从数字政府进而扩展至数字经济和数字社会。基层处于政府治理体系的前沿阵地，通过不断夯实基层基础，塑造一个全新的治理生态，从而有效回应推进国家治理体系与治理能力现代化这一时代命题。

1.对传统模式的突破：数字政府建设

学者们普遍认为，数字政府建设是一个依托于数字技术应用，推动政府在公共行政工作流程、模式、效率等方面实现转型升级的过程。在数字政府建设的演进历程中，"放管服"是里程碑式的改革，政府不再仅关注电子化、信息化，而是更加注重行政效率的提升和公共行政服务水平的提高。在数字技术的支撑下，推行数字政府建设这一新型治理生态能够补齐科层制政府治理的短板，推动政府治理从传统向现代的范式转型。纵观人类社会治理的演进历程，当前社会以信息数字化、流动扁平化的特点呈现，互联网促使现代社会国家政治体系中科层制政府组织的内在局限性得到突破，且其比以往任何时期所产生的影响都要深刻，可见技术变化是根本的变革动因。我国独特的政府治理结构及其在实践中出现的治理不足以及面对科层制政府治理局限、治理结构条块分割、科层治理机制短板，依托数字技术形成的一整套系统完备的解决方案，可以弥补传统治理的不足。例如，国家政务服务平台于2019年5月上线运行，开通了"掌上办""指尖办""不见面审批""一次登录、全网通办"等便民服务；北京市强调数据驱动、实时感知、多元参与、精准治理，面向个人事项"就近办"，在党群服务中心试点"党务＋政务"服务；浙江等地探索推行"证照改革分离"服务模式，为各地改革提供了经验借鉴。未来，大数据成为政府治理深度变革的重要抓手，是社会治理提质增效、加快实现政府治理体系与治理能力现代化的动力源。

从学理层面上讲，新一代数字信息技术驱动政府为顺应智能社会、数字社会发展而开展数字化自我变革。通过数字政府建设实际情况来看，其推进流程可总结为"技术嵌入应用—管理传导变革—治理赋能创新"这一内在运行机理，也可以理解为一项新技术在某一特定场域下由技术向全价值链条跃迁，从而提出的一站式解决方案。数字技术作为一种资源和力量，对政府的作用是将数字化引入政府管理和社会治理，重塑政府组织结构、重构业务流程和提升服务质量，促使政府与社会、政府与市场形成新型关系。通过数字技术不断作用于组织架构，最终转化为与信息革命相匹配的平台型政府、整体性政府、协同型政府等新发展形态的数字政府，全方位满足治理理念、治理结构、治理方式的现实需要。

由此可见，数字化首先面对的是由内而外、由上到下的政府治理变革，解决的是科层制政府治理短板问题，数字技术与政府治理、社会治理相结合，是政府管理从理念创新、结构创新、方式创新到整体性治理创新的升维。当新一代信息技术嵌入政府体系中的管理变革新生态，基层治理数字化则更是包含在内的一项核心工作，也是本书的贯穿主线。

2. 从数字政府建设到数字基层治理

数字技术的发展和应用，不仅实现了对政府组织架构的变革，更推动了社会生产生活方式的全面转型，尤其对个人而言，"数字化生存"成为现代人们日常生活的标签，体现了每个个体赖以生存的新形态。数字政府建设是智慧城市建设的关键之一，而基层社会治理的数字化则是数字政府建设向基层的延伸，如市级、区级搭建的电子政务平台在镇（街）的应用，镇（街）探索开发的面向所辖社区的数字化平台。从政府治理的行为逻辑来看，要将数字技术转化为治理效能，需要在宏观上将数据整合与应用打通，进行政府内部的统一管理；在治理上实现业务协同、数据共享，提高办公效率，畅通办公流程；在服务上"让数据多跑路，群众少跑腿"，如"最多跑一次""不见面审批"；在决策上基于数据分析且能直观呈现，助力领导科学决策；在业务上进行功能管理，按照实际功能对应不同应用主体。在以上叙述中，不难发现，数字政府建设是从数据管理向制度建设的构建过程，而基层社会作为多源数据信息的"发源地"，更加凸显了基层治理的数字化本身。

如果说数字政府建设所要解决的是政府科层制带来的掣肘，更好地做到"以人为本"、效率优先、为民服务，那么，以数字化社区治理和智慧社区建设为代表的数字基层治理则需要进一步落实到公共安全、公共卫生、民生保障、民众诉求等各类基层场景中。智慧社区作为技术赋能社区发展的新形态，是现代化社区建设的必经阶段。由于社区治理工作数字化程度无法有效应对现今耦合多发的风险突发事件与海量庞杂的民生舆情信息，社区迫切需要提高现有数字化治理能力。从数字化社区的现实情境来看，开展以"数字"为核心的智慧社区建设，在大数据、物联网、人工智能等数字信息技术的加持下催生出数字化社区治理模式，如北京市"回天大脑"、上海市"社区云"平台等范例，蕴含着技术赋能基层治理的独有特征。

（二）现代化的角度

自党的十八届三中全会以来，"推进国家治理体系和治理能力现代化"成为我国国家建设的核心要义。2022年10月16日，习近平总书记在党的二十大报告中全面系统阐述了中国式现代化的五大特征，①明确了中国式现代化建设的总方向、要求与任务。此后，学界围绕"现代化"这一命题从不同维度展开了深入研究，成果斐然。

1. "中国式现代化"是价值预设性条件

"中国式现代化"的提出，是"中国式"和"现代化"两个概念深度融合、相互依存的复合命题，不仅丰富了"现代化"的内涵，还使得"中国式"呈现出"现代化"特征。鉴于此，"中国式现代化"更是一种价值预设性条件，是基于中国国情的现代化当前任务与未来设定，展现出其指向意义、价值和目标。学者们普遍认为，"中国式现代化"与西方现代化以资本为中心、两极分化、物质主义膨胀、对外扩张侵略的老路有着本质区别，相比之下，"中国式现代化"则是以此价值预设性为基础，为全人类走向真正的现代化之路开具了中国"良方"。

那么，在数字时代，中国基层社会治理研究有无新的思路和特点呢？各地政府的数字化改革为学者们思考此问题提供了素材。如果从建设新型现代化国家的视角来看，国家的数字化改革实践为我们研究现代化国家建设提供了新的素材，毕竟我们所要建设的并非一般意义上的现代化国家，而是具有"数字"元素的"新型"国家。中国积极拥抱第四次科技革命，将现代信息技术成果应用到国家运行的各个方面。开展基层社会治理的数字化改革是构建国家治理体系的政治学阐释，是构建新型现代化国家的基本构成要素，也是政治学领域的重要概念和学术命题。

简言之，在数字时代，数字技术的应用丰富了新型现代化国家的内

---

① 2022年10月16日，中国共产党在京召开第二十次全国代表大会，习近平总书记代表第十九届中央委员会向大会作了题为《高举中国特色社会主义伟大旗帜 为全面建设社会主义现代化国家而团结奋斗》的报告。

涵，推动了国家理论的发展和政治制度的改革，此为"技术理性"。此外，"中国式现代化"是在"中国式"基础之上产生的"现代化"结果，属于"价值理性"。总之，"技术理性"和"价值理性"共同构成了中国式现代化的重要意涵，重塑了国家治理面貌，基层社会治理更是发生了深刻变化。

2.数字化改革的行为逻辑

在数字时代，随着"中国式现代化"的推进，无论理论界从何种维度对其进行理论探索与实践突破，在笔者来看，有两个要素缺一不可：一个是数字技术。数字技术作为第四次科技革命的重要成果，它区别于工业化时代国家的基础设施建设，从根本上呈现出一种全新的国家运行模式与特征，如当下的"数字政府""数字治理"所展示出的理念与发展的创新。简而言之，数字技术丰富了中国政治学的理论内涵，即前文所提到的"技术理性"。另一个是中国特色社会主义制度。我们提出的"全过程人民民主"，具有极其重要且深远的理论意义与实践价值，是推进"中国式现代化"进程在政治维度的"价值理性"。有鉴于此，建设新型现代化国家，推进"中国式现代化"为我们认识数字化改革提供了新视野。

有学者认为，集权和分权是政府治理的核心要素，贯穿于任何时期的国体、政体、社会形态变迁之中。数字化改革在此背景下，致力于构建集权与分权间的合理平衡，通过下放必要的分权和自由裁量权至基层，有效解决传统科层制下的信息不对称问题。数字技术的应用，特别是"城市大脑"等项目的建设，虽然增强了上级政府的信息收集能力，却也无意间增加了基层获取上级数据资源的难度，可能引发新的信息不对称问题，影响基层治理的效果。因此，在数字时代推进整体性政府建设的过程中，如何将这一行为逻辑有效融入科层体制，并在数字技术的赋能下，实现治理主体与治理要素之间的动态平衡，成为构建新型现代化国家不可回避的重要议题。

众所周知，技术是把"双刃剑"，是推动社会发展的基础性动力，更需思考"我是谁""为了谁"的哲学问题。在数字时代的当下，我们一方面要充分利用好第四次科技革命的先进成果，借此历史性机遇构建现代新型国家，持续推进国家治理体系和治理能力现代化；另一方面，鉴于数字技术的特殊性质，在推进数字化改革的过程中，用好数字技术，实现集权与分权、技术理性与价值理性、政府权力与公民权利、政府管理与基层治理的平衡，显得尤为重要。

三、数字基层治理的两个视角：技术与法治

社会治理的创新发展在科技革命的持续推动下已从"坐标效应"转变为"路标效应"，这一观点在相关文章中有详尽阐述。在以往，科技革命常以社会治理为标尺来衡量技术创新和科技事业的进展、产出和成效；而今，这一关系发生深刻转变，科技革命与社会治理的互构作用更加明显，科技创新与技术进步以服务社会治理为指向性路标，围绕城市、社区、乡村的各类治理需求，推动大数据、人工智能、区块链、智能物联网等现代科技与社会治理的深度融合，不断为社会治理现代化提供新的解决方案。这一变化深刻揭示了新技术革命中新一代信息技术给政府带来的影响和推动是深远的，促使数字化转型朝着高效、敏捷、便民的方向发展。同时，数字技术的迅猛发展既推动了数字政府的构建，又促使法治走向变革。换句话说，新技术革命不仅推动人类社会从工业时代走向数字时代，更促使法治秩序随之发生适应性重构，以更好地适应这一由技术驱动的社会变迁。

（一）技术视角

在以数字信息技术为标志的第四次科技革命成果中，各种数字技术均对政府治理创新产生了深远影响，其中大数据技术实现了数据的快速收集与科学分析，赋能政府治理数字化；云平台建设为政府治理降本增效和提升公共服务水平；物联网技术使得政府与民众保持链接状态，为及时了解和回应公众诉求、实时掌握事情发展变化成为现实；区块链技术为建立健全社会信用体系，确保安全交易提供了有效保障；人工智能技术解决了政府治理过程中的人力成本不足等问题，并能够为科学决策提供坚实支撑。综上所述，数字技术展现出了重要的赋能和支撑作用。

1. 技术对于基层社会秩序的重塑

面对当前数字技术与社会治理深度融合的现象，即我们通常所说的"技术治理"或简称为"治理术"，我们需要思考以下几个关键问题：技术由谁来使用？技术要解决什么问题？技术解决问题的流程是什么？对于这些问题的回答，可以通过"技术治理"这一模式予以回应。

笔者认为，技术治理的目标就是要重塑社会秩序。因为每一项治理技术的面世与应用，从理念到实践，都会改变现有社会状态，推动其达到现代"化"的状态，从工具主义的维度为技术治理提供更好的解决方案。从行为逻辑出发，技术使用自然由中央和地方政府主导，而非技术企业和技术人员，是为了有效解决碎片化权威问题、信息不对称问题、科层制下应对社会矛盾与冲突之后的问题等。一方面，技术将政府治理下的社会生活化繁为简。现代技术依靠严格的方法和程序，将物理世界以具象化展示，将社会运行转变为直观可视的图像，变成可理解的图解。具体表现为：一是社会呈现方式的简化。运用技术手段在观察社会现象、解读规律程序时，会进行相应的处理、过滤，比如在城市网格化管理中，可将其视为公共设施和事件问题两部分。二是对政府治理活动的简化。比如针对政府绩效考核评估，就政府部门及其工作人员的表现进行指标化、数据化的衡量，同时对其未来可能的趋势进行预判。如果说福柯认为的国家治理的本质是一种思考方式，那么技术就为这种思考方式安装了看向社会的"眼睛"。另一方面，使用技术的主体也是实现社会秩序重塑的"第一责任人"。早在21世纪初，政府便开始运用电子政务建立信息披露机制、对话沟通机制、信息报送机制等，提高政府运转效率，提升为民服务水平。目前所采用的先进数字信息技术，正推动数字政府建设朝着解决信息传导差、共享弱、响应不及时等顽瘴痼疾方向发展，进一步提升公共服务供给水平。

2. 技术的三种转化路径

技术与治理的相互作用，明确了技术治理所要研究的基本范围。在学界和实务界的广泛讨论中，"治理""技术"及"技术治理""治理技术"这几个词频繁出现，不管如何对其拆分解构，也不管采用什么分析范式，作为一个分析概念，社会科学研究者首先要肯定这是以技术为前置条件的治理，基于此，才有讨论制度设计、政策执行、新技术与科层关系等议题的可能，我们暂且不对此进行精准的概念界定。但从实践的大趋势来看，技术至少有三种转化路径。

一种是从技术到治理再到治理方式的技术化。在整个治理过程中，政府将其纳入行政技术体系中的行为演进。如在社区网络、精细化治理、网格化管理等实践中，体现出了从技术的应用到塑造社会结构所呈现出的技术化模式。另一种是从技术到治理再到新技术赋能治理效能。这种路径首先考虑如何让新技术成功嵌入现有治理体制机制。如信息技术和计算社会科学支撑的电子政务、大数据治理、智慧城市、数字化社区建设等实践。最后一种是治理技术，或叫"治理术"的维度。这颇有道与术之间辩证关系的哲学意味。国家治理之道规制"你不能干什么""我需要你干什么"转变成了"我能为你做什么"的技术之术。该路径强调的是技术治理如何重塑秩序、简化社会，即国家用一整套制度、程序、计算、分析等技术建构规划政府运行、社会生活的治理空间。总之，这三种路径分别指的是科学技术、行政技术和权力技术。然而，在实际的国家治理实践中，很难将它们进行清晰的划分，或可理解为在不同的应用场域中多少有些许侧重。也正因为技术使用的主体是政府部门及其工作人员，治理目标的一致性也使得这三种路径相互交织，在基层治理中更是难以区分。但是，在此进行厘清，有助于理解"数字基层治理"。

（二）法治视角

在法治轨道上推进国家治理体系和治理能力现代化是习近平新时代中国特色社会主义思想的核心内容之一。在这个进程中，基层社会治理现代化被视为推进国家治理体系和治理能力现代化的突破口，而基层社会治理法治化则是其重要标志。随着我国数字经济规模的迅猛发展，数据要素驱动作用显著。综合现实情境来看，在政府强有力的顶层设计和主导下，基层治理领域形成了平台建设运行、党政深度嵌入组织领导和技术治理属性突出等诸多典型机制。然而，从法律层面分析发现，基层治理领域存在与基层自治之间的张力、法律定位模糊、技术进步带来的科技伦理风险等问题。对此，在城市基层治理数字化转型进程中，法治作为治国理政的首要选择与基本方式，更应发挥在社会治理中的重要作用。

1. 将法治思维纳入数字社会共识

数字化已成为基层治理的目标指向，其关键在于各治理主体将法治视为基层治理的价值共识与行为规范，将其作为一种最基本的理性思维。

首先，将法治思维融入基层管理队伍的日常建设。在有法可依的基础上，明确基层管理的法治框架，逐步培养并在工作实践中形成法治思维，做到"法律赋予权力，依法行使权力"，明确基层管理人员、数字化专职人员以及志愿兼职人员的法律地位，在法律规定的框架和程序内履行职权，并加大普法教育力度。其次，重视群众依法参与基层治理数字化建设工作。数字基层治理法治化的终端仍是基层社区，因此在基层社区中培育浓厚的法治文化氛围显得尤为重要，其中首要任务就是加强法治文化建设，培育公民法治理念和法治思维，在全社会的数字化转型进程中掀起学法、守法、用法的热潮。最后，探索社会组织参与的法治化路径。网络化平台为多元社会主体参与基层社会治理提供了条件，这里所说的社会组织既不同于政府财政拨款设立的行政权力延伸组织机构，也不属于宪法和法律规定的基层自治组织，而是由基层社区内自发成立的参与社区管理与服务的非营利性社会组织。为了确保这些社会组织能在治理框架内有效运行，可以从法治环境、数字平台深度融合、权利义务界定等方面为社会组织服务基层治理提供法治保障，营造全社会参与的法治氛围。

2. 数字治理难题的法治化面向

从数字治理难题的角度而言，面对"数字鸿沟""信息孤岛"等问题，我们主张应加大数据整合力度，确立数据共享融通的具体标准。然而，各类数据负载的利益关系和属性差异较大，数据整合仍需构建框架指引，可按类型归类别，或按数据源性质划分等级。政务数据分为可公开数据、有限公开数据以及完全不公开数据。其中，对于可公开数据，应进一步细分为向公众公开数据、政府部门间共享数据等类别，如此细化的标准可为后端数据分析利用提供支撑。鉴于此，政府应制定数据规则，以满足政府治理以及兼顾国家和社会公共利益之需。在各类数据采集及归属清晰且分级科学有效的基础上，还需考虑政务数据与社会各领域数据的融合。一是政务数据向社会开放，二是社会数据有效与政务数据对接。同时，由于技术具有强烈的价值导向，在运用算法技术时，应从融入伦理准则、共同价值标准等方面进行法制化构建，实现算法的安全可控，确保运行结果的准确性和客观性。总之，面对基层治理数字化出现的治理难题及可能产生的风险，我们要对新技术保持适当的警惕态度，及时采取有效的法治举措，例如对数据归集分析方法及结果进行跟踪监督。

四、构建数字基层治理场景的要点

国之兴衰系于制，民之安乐皆由治。这充分揭示了制与治对于国与民的辩证价值。在当下的数字智能时代，数字价值获得了国家顶层设计"持续强化"的高度重视。《中共中央 国务院关于加强基层治理体系和治理能力现代化建设的意见》强调要拓展应用场景，提高基层治理数字化智能化水平。应用场景主要是利用数字技术，在某个领域搭建整体系统的解决方案，促进新产品和新技术的应用和升级。由此可见，数字赋能应用场景已成为优化基层社会治理模式、构建基层社会治理新格局、提升基层智慧治理能力的突破点，是新时代我国加强和创新基层治理的关键所在。

（一）培育数字素养，为数字赋能应用场景注入数字内涵

《国务院关于加强数字政府建设的指导意见》要求持续提升干部队伍数字思维、数字技能和数字素养。从当前实践支撑来看，疫情防控的数字化创新全面开启了社会各界对基层治理的数字启蒙，而基于大数据分析的北京市接诉即办改革也逐步建立起服务有效、治理有序的智慧工作体系，

能科学决策并破解各类治理难题。基层社会治理涵盖人、地、事、物、情、组织等诸多复杂要素，这些要素相互作用会产生海量数据信息。面对治理难度与民众诉求交织叠加难度，亟须依靠数字思维，运用现代技术力量，实时掌握基层社会运行规律与需求、政府治理举措与成效以及社会风险，并作出可量化可观测的管理与回应。数字素养的培育能使干部队伍数字治理能力不断提高，推动数字应用场景平台构建，帮助基层减负增智，提升公共服务质量，从而加快基层治理现代化进程，使之与经济社会发展总体要求相适应。

（二）推进数字基建，为数字赋能应用场景搭建数字平台

近几年，随着智慧城市、平安建设的落地实施，以5G、云计算、物联网等为核心的数字基建与社会治理深度融合，推动了智慧社区、雪亮工程、网格化平台、"12345"政务热线、自助政务服务终端以及健康码、行程卡、政务小程序等典型应用场景的发展，社会治安与公共服务水平持续提高。从根本上说，数字基建能够带动社会治理体系的数字化转型升级，为基层智慧治理拓展应用场景提供先决条件。一方面，街道社区依托平台、系统、数据、终端等综合性应用，围绕风险预警、疫情防控、"群体画像"、社会动员、点位选址、服务找人、应急救援等领域，实现治安防控、交通出行、社会矛盾化解、特殊人群服务管理等工作的精准高效；另一方面，通过建构基于服务感知、风险识别、多元协作的交互式数据治理体系，加快全国一体化政务服务平台建设，推动地方政务服务平台纵向贯通、横向集成、共享运用、安全可靠，以数字化平台实现立体感知、互动开放、全域协同、风险研判和科学决策，持续推进市域治理的"一网通办""一网统管"。

（三）强化数字协同，为数字赋能应用场景打造共治格局

运用数据资源探索基层治理中的合作共治，是提升基层智慧治理能力的关键之一。基层治理智能化以大数据、云计算、人工智能为技术支撑，"城市大脑"便是其典型代表。在智慧城市建设进程中，"城市大脑"形成了多系统集成、一体化监测、智能化预警、便民化服务、整体式发展模式，能全面推进"网络通、系统通、数据通"。一方面，通过完善"城市大脑"建设平台设计，将大数据平台、目录链管理系统与政务服务热线大数据系统深度对接，推动智能感知技术融入基层网格化管理机制，建立网格化智慧管理信息系统，进而实现不同系统数据之间的转化兼容，最大限度地发挥出数据资源协同效应，避免形成"数据孤岛"和数据闲置；另一方面，政府机构在解决基层实际问题时，基于"城市大脑"为基层治理和公共生活所打造的数字化界面，包括交通出行、卫生健康、社会治安等若干系统的应用场景，提升数字化协同治理水平，充分整合更广泛的社会力量，集聚、吸引和激发更多的社会创新主体，进而形成显著的网络效应，加快推动共建共治共享的基层社会治理新格局的形成。

（四）注重数字普惠，为数字赋能应用场景释放数字红利

立足基础民生改善，做好智能化公共服务，是加强基层智慧治理能力的根本任务。注重和保障改善民生，就是要提升政策宣传、民情沟通、便民服务效能，利用好社会治理数据资源，优化调配公共资源，协调好多方利益。一方面要坚持以人民为中心的发展思想，针对幼有所育、学有所教、劳有所得、病有所医、老有所养、住有所居、弱有所扶等重要民生问题，整合人力社保、不动产、税务、交通等民生数据，链接城市网格化管理系统，逐步实现城市基层治理问题全口径汇聚。通过建立数据推送机制，将市民服务热线情况的数据及分析结果推送至市级有关部

门、各县区、街道及社区，为政府部门高效解决群众各类急难愁盼提供依据。另一方面要根据基层治理的不同维度和需要，发展普惠共享的数字公共服务。将数据资源向基层开放共享以及集约化利用，通过对接政府各级政务服务平台，健全乡镇（街道）与政府部门政务信息系统数据资源共享交换机制。构建一体化城市预警感知系统，推动基层民生数据与微博、微信等移动社交媒体和智能化终端数据的融合。与此同时，要重视数字伦理问题，充分考虑老年人、残障人士等特殊群体需求，防止出现"数字鸿沟"，推行适老化与无障碍服务渠道，不断促进基层社会和谐与安定团结。

（五）筑牢数字安全，为数字赋能应用场景划清数字边界

社会治理应用场景的不断延伸增强了数字化特性，然而这需要在法治的轨道中发展，才能化解数字安全风险，包括画底线、立边界，建立健全法治体系和标准体系，完善相关立法，严格进行执法和司法，加大普法力度，从而为数字社会治理安全有序发展提供保障。一是要在数据安全法和个人信息保护法的框架下，进一步完善主管部门、监管部门职责，强化数字安全法律法规监管，为数字赋能基层治理提供法治保障。例如，健全网络安全管理制度，强化系统安全保障、信息安全管理；完善数据交换规范、信息目录规范、服务提供规范、服务质量规范以及资源使用流程，深化对数据安全的精细化管理。二是要加快推进数据开放共享的立法工作。目前我国尚未有超脱以"数据共享"命名的专项法律，为了规范数据共享活动，保障数据安全，促进数据价值的最大化利用，须不断完善相关法律法规和政策文件体系。三是要谨慎使用人工智能算法，完善数字安全监测运维体系。围绕数据调取、共享共用的管理，建立权限管理、分级审批、使用痕迹记录、数据共享情况通报、日常安全教育、责任追查等相关环

节，明确数据源安全、平台安全管理、数据应用安全等领域的安全要求，促进数字安全分类分级精细化管控与全周期管理。

综上所述，数字基层治理是一项综合性系统工程，构建以数字赋能应用场景，描画出一幅基层社会治理的"数字全景图"，持续赋能基层百姓的获得感和幸福感，是中国社会治理现代化下的数字基层社会的治理逻辑与时代命题。

第一章　数字基层治理的理论阐释

研究数字基层治理，首先需要对数字基层治理的基本理论进行阐析，从而为全面研究奠定坚实的理论基础。一是厘清相关核心概念，剖析社会治理、基层治理、数字技术、数字基层治理四个概念，明确本研究的逻辑起点；二是阐述社区治理现代化的基本内涵，从理念、体系、能力三个维度指明本研究的主要方向；三是梳理习近平新时代中国特色社会主义思想、技术治理理论、数字治理理论、适应性结构化理论四个理论，明确本研究的理论支撑。

一、核心概念界定与辨析

（一）社会治理

"治理"一词作为一个概念，在中西方学界与政治实践界长期存在，其早先被等同于"统治"，即操纵、控制的意思，而后在1989年世界银行的《撒哈拉以南非洲：从危机到可持续增长》报告中提到"治理危机"，自此将"治理"的概念引入社会发展和政治实践领域。自那时起，"治理"便被广泛且深入地应用于国家和社会公共事务管理中，逐渐成为政府运行和处理公共事务的基本规范。进入20世纪70年代，不同社会的兴衰更迭以及一些社会治理危机、社会舆情风险暴露出的协调科学手段的内在局限性，推动了社会科学在社会治理领域的研究。到了20世纪90

年代，在现代化浪潮的大背景下，"社会治理"这一专业术语在"治理"基础上正式产生。学界对"治理"没有统一的概念，如俞可平认为，它是以官方或非官方管理组织为主体，在既定范围内通过公共权威的手段维持社会秩序，在不同制度关系中运用公共权力引导、规范和控制公民活动，进而最大限度增进公共利益，满足社会公共需求。① 实际上，社会治理就是治理社会，治理作为其构成的核心要素，是为了更好地治理社会，其明确了要由市场、社会、经济等方面通过协同多方力量共同参与社会治理，强调了国家与公民以及政府角色的相互转换，人民群众由过去单纯、被动的消费者转变为诸多社会公共事务的积极参与者、协作者乃至政策执行者，而政府则主要是在动员部署、把握进程、整合和管制等方面进一步发挥宏观作用，② 这也体现出了"去中心化"的治理理念。此外，多种社会治理工具及不同层次的应用也受到重视，如依托各种评估等级、市场、互联网的基本构造及相关功能选用评估类工具开展治理活动。

在西方治理实践中，奉行的是社会中心主义和公民个人本位，讲究以理性经济人为基础的社会自我治理。与之不同的是，在我国，良好的社会治理作为社会建设领域的关键性环节，是实现全面建设社会主义现代化国家向第二个百年奋斗目标的重要基石。早在党的十八届三中全会便首次提出了"社会治理"的概念，着重强调了加强和创新社会治理的重大意义。其后，党的十九届四中全会中进一步指出，"社会治理是国家治理的重要方面。必须加强和创新社会治理，完善党委领导、政府负责、民主协商、社会协同、公众参与、法治保障、科技支撑的社会治理体系，建设人

① 俞可平.治理与善治〔M〕.北京：社会科学文献出版社，2000：89.

② MARK G.Economic Action and Social Structure：The Problem of Emb eddedness.〔J〕. American Journal of Sociology，1985，91(3)：481-510.

人有责、人人尽责、人人享有的社会治理共同体，确保人民安居乐业、社会安定有序，建设更高水平的平安中国。"从体系运行的本质上来看，社会治理创新不仅仅是一种概念性的转变，在其不断发展与创新的过程中，还涵盖了方法、制度、理念、工具等更多维度的变革。

习近平总书记曾明确指出，治理和管理一字之差，体现的是系统治理、依法治理、源头治理、综合施策。[①]具体来讲，治理和管理的目标相同，即有共同的出发点与落脚点，都是处理公共事务、维护社会秩序、保障人民权益、化解社会风险的过程。然而，治理源于管理，是对管理的发展和取代。通过对两者进行比较，借此辨析社会治理的概念内涵。一是在主体上，社会管理突出主体对客体的控制和支配，而社会治理彰显多元化的主体角色，倡导协商合作、共同参与治理社会事务；二是在过程上，社会管理呈现单向向下的垂直管理，社会治理则为上下互动由管控向法治转向的过程，强调政府与社会间的互动与合作；三是在方式上，社会管理主要通过国家统一规划、强制行政动员力量，社会治理注重多元化和法治化在基层社会和微观层面上的治理与服务；四是在效果上，社会管理通过维稳和管理而形成刚性、静态、被动的治理状态，社会治理则从更高层次上实现社会秩序与社会活力的动态平衡。

（二）基层治理

基层作为经济社会发展矛盾最集中、风险隐患最前沿、民生民情最直面的地方，是国家治理的最小场域和社会治理的最小单元，基层治理凸显出其责任之重、事务之繁、形势之艰。在中国语境下的基层治理有其独特含义，经由历史演进，已经落定在了"县区以下的区域"，其基本特征

---

① 中共中央文献研究室.习近平关于社会主义社会建设重要论述摘编［M］.北京：中央文献出版社，2017：127.

是接近群众，是"基层政权建设与管理和基层社会与群众组织活动"的综合体。① 治国安邦，重在基层，可见基层治理的重要意义。进入新时代以来，面对新的社会矛盾与民众的需求变化，基层治理应着力增强供给能力和调整供给结构，促进基层全面均衡发展，惠及每个城乡社区与民众，这也是基层治理创新的目标。② 从政权建设方面来看，构建基层管理体制是工作目标。如在党的十八届三中全会中提出"直接面向基层、量大面广、由地方管理更方便有效的经济社会事项，一律下放地方和基层管理"③，在党的十九大报告中提出"推动社会治理重心向基层下移"④，党的十九届三中全会提出"构建简约高效的基层管理体制"⑤，党的十九届四中全会提出"健全城乡基层治理体系"⑥，特别是2023年第十四届全国人民代表大会审议通过的《党和国家机构改革方案》中指出组建中央社会工作部⑦，体现出党和国家对统筹推进党建引领基层治理和基层政权建设的高度重视；从社会发展方面来看，打造基层治理共同体是发力重点。如党的十八届五中全会提出，"构建全民共建共享的社会治理格局"⑧，在党的十九大报告中提出，"打造共建共治共享的社会治理格局"⑨，党的十九届四中全会提出

① 吴晓林.城市基层治理的历史传统与现代化进程[J].学术月刊，2023，55（9）：77–89.

② 陈跃，余练.社会主要矛盾转化与基层社会治理创新探析[J].理论探索，2020（4）：10.

③ 资料来源：《中共中央关于全面深化改革若干重大问题的决定》。

④ 决胜全面建成小康社会 夺取新时代中国特色社会主义伟大胜利［N］.人民日报，2017–10–19（002）.

⑤ 资料来源：《中共中央关于深化党和国家机构改革的决定》。

⑥ 中共中央关于坚持和完善中国特色社会主义制度 推进国家治理体系和治理能力现代化若干重大问题的决定［N］.人民日报，2019–11–06（001）.

⑦ 中共中央 国务院印发《党和国家机构改革方案》［N］.人民日报，2023–03–17（001）.

⑧ 资料来源：《十八届五中全会公报》。

⑨ 资料来源：习近平在中国共产党第十九次全国代表大会上的报告《决胜全面建成小康社会 夺取新时代中国特色社会主义伟大胜利》。

"构建基层社会治理新格局"①，在党的二十大报告中再次提出了建设"社会治理共同体"的目标②。基层社会治理从理念到实践上"持续推进"、向前发展。

近年来，关于基层治理的研究日益增多，且内容日益丰富和深入。其中有对基层组织重构整合的研究，涉及基层组织体系、层级自治模式等思路③；有对基层治理创新的研究，是从地方政府的自由裁量权和创新行动空间的视角展开④；有对网格化管理的研究，指出其有效运作的关键在于党政嵌入机制⑤；有对"接诉即办"的专门研究，阐释其改革实践的中国基层之治逻辑⑥；还有对社区治理的研究，可细分为不同维度，如滕尼斯在《共同体与社会》中首提的"社区"这一概念，西方的社区建设和治理实践与相关理论日渐兴盛，在国内，也有界定"基层社会"范围的探讨⑦，不一而足。但不管是哪类视角，总体而言，基层治理的基本概念是指在基层各级党委政府领导下，为促进社会系统有效运转，连同城乡社区居委会（村委会）、社会组织、民众等多元化主体共同参与县级行政区域及以下的公共事务管理、服务人民群众需求，同时在过程中起到组织、

---

① 资料来源：党的十九届四中全会《中共中央关于坚持和完善中国特色社会主义制度 推进国家治理体系和治理能力现代化若干重大问题的决定》。

② 资料来源：习近平在中国共产党第二十次全国代表大会上的报告《高举中国特色社会主义伟大旗帜 为全面建设社会主义现代化国家而团结奋斗》。

③ 杨宏山，李娉.双重整合：城市基层治理的新形态[J].中国行政管理，2020（5）：40-44.

④ 张小劲，于晓虹.中国基层治理创新：宏观框架的考察与比较[J].江苏行政学院学报，2012（5）：72-79.

⑤ 陈柏峰，吕健俊.城市基层的网格化管理及其制度逻辑[J].山东大学学报（哲学社会科学版），2018（4）：44-54.

⑥ 李文钊.从"接诉即办"透视中国基层之治：基于北京样板的国家治理现代化逻辑阐释[J].中国行政管理，2023（6）：34-41.

⑦ 毛丹.中国城市基层社会的型构：1949-1954年居委会档案研究[J].社会学研究，2018，33（5）：139-163+245.

协调、监督和控制的作用。从实践来看，基层治理主要是指基层治理能力，包括五项基本能力：一是组织协调能力。基层治理工作的开展需要激发民众的参与热情。二是服务供给能力。完善的基础硬件设施配套和服务是基层基础更为扎实的物质保障。三是文化引领能力。在基层开展文化工作，厚植丰富的文化底蕴，推进基层各项治理活动有序、顺畅。四是依法治理能力。这是基层治理能力中最为基础的一项能力，是实现治理目标的根本保证。五是科学管理能力。随着现代化管理理论逐步引入基层组织，实施科学的人员配备、组织架构、规章制度等管理手段，是实现基层治理效能的前提。

在推进中国式现代化进程中，"基础不牢，地动山摇"表明了基层的基础作用，"上面千条线，下面一根针"则道出了基层的治理难题。而社区则是基层的最基础层级，锚定社区治理是破解基层发展难题、通往现代化之路的关键路径。因而，谈到基层治理，有必要说一下基层治理的重要场域——社区治理。城市社区治理作为一种全新的理念和实践方式，发轫于西方社会发展的现代转型与结构变迁。面对越来越多的社会问题，许多国家和政府意识到，良好的社区治理生态能够凝聚基层社会中各方力量及资源，充分调动基层治理中人民群众的首创精神和社会主体活力，从而为社会治理现代化提供强大的政治势能。从 20 世纪中叶开始，在西方社区复兴、城市更新等项目的推动影响下，社区治理的政策和内容也随之进行了全面更新，社区发展的价值理念与服务实践得到长足发展，成为西方发达国家公共政策的主题。我国的社区治理探索始于 20 世纪 80年代，自此，历经了改革的不断深化和社会主义市场经济的逐步建立，传统自给自足的社区治理模式受到了工业化、城市化以及如今数字化的巨大冲击。随着"单位制"社区向社会化社区的转型，大量的社会事务和公共服务职能下沉到基层社区，同时随着经济社会的发展和生活水平的提高，居民对社区环境、社区服务、社区安全等方面的要求也在不断提高。因此，对生活环境和服务有了更高的标准和要求，社区治理在当今中国治理体系中，基础性地位和作用更加显现。总而言之，中国的社区治理作为国家治理的最末端和人民生活的场所，它的创新与变革在推进中国式现代化进程中具有关键的支撑作用，由此引申出"智慧社区""数字化社区治理"等热点词语及相应的实践，后文将陆续提到。

（三）数字技术

要明确本书主题"数字化"这一概念，首先应当搞清楚什么是"数字技术"和"新一代数字技术"，毕竟这几个概念是密切相关、互相关联的。那么，什么是"数字技术"？单从字面上看，数字技术应当包括所有涉及数据信息的相关技术，即数据信息的采集、处理、传输、传播等技术。依此来看，计算机及其软硬件、互联网技术、数字电视等这些均可视为数字技术，而数据传输线路、电视闭路器、信号接收站等传输手段同样属于数字技术范畴。然而，从学理的角度审视显然不够严谨，这种对数字技术的理解也难以体现出时代性。

数字技术是指利用现代计算机技术，将各类信息资源的传统形式转化成计算机能够辨识的二进制编码数字的技术。[①]具体而言，它是一项同计算机相伴相生的技术，借助一定的设备将各类信息，包含图、文、音、像，转化为计算机能够识别的二进制数字符号"0"和"1"进行运算、加工、储存、传输、还原等，由于在运算、存储等环节中需要借助计算机对信息进行编码、压缩和解码，因而也被称为数字控制技术、数

---

① 尹知训，白波，董伟强，等.数字技术在骨科中的应用［J］.中华生物医学工程杂志，2009（3）：3.

码技术等。从严谨的发展维度看，人类进入20世纪，电子技术发展最迅猛、应用最广泛，已经使得各行各业和人们的生活发生了根本性的变化。它是以电子器件的发展为基础的，直至20世纪中叶，主要使用的是真空管，也叫电子管。随着固体微电子学的不断进步，第一支晶体三极管在1947年面世，这也开创了电子技术新领域。随后，20世纪60年代的模拟和数字集成电路、70年代微处理器的问世，电子器件步入崭新的局面。到了20世纪80年代，第四次科技革命兴起，信息技术、新材料、新能源、生物工程、海洋工程等成为具有标志性的高科技，在这一背景下集成工艺在1988年实现了可在1平方厘米的硅片上集成3500万个元件，表明集成电路进入了大规模阶段。数字技术的发展历程和模拟电路一样，先后经历了从电子管、半导体分立器到集成电路的过程。由于集成电路的迅猛发展，数字电路的主流形式便是数字集成电路。从20世纪80年代中期开始，以专用集成电路（ASIC）制作技术为代表，数字集成电路发展进入成熟阶段。可以说，这个时期是进入数字化时代的开端。

进入21世纪，尤其是近几年，随着大数据、云计算、物联网、区块链、人工智能等新一代数字技术的不断更新与应用，在实践中逐步形成了充分利用大数据、云计算、互联网＋、物联网、智慧城市、智慧社区等新一代数字技术与数据信息资源的全新生态，此生态不仅深度诠释了数字化、信息化的时代精髓，更引领了系统集成与业务创新的前沿潮流。在社会治理领域，常见的新一代数字技术的应用有：云计算，即通过将数据储存在云上，使基层能够获得更高的数据存储和处理能力，也能降低治理成本并提高效率；大数据分析，即通过对社区有关要素产生的海量大数据进行分析，能够更好地把握运行的薄弱环节、了解居民需求，优化管理模式；物联网技术，即通过将数字技术设备连接到互联网，可以在治理平台上实现设备自动监测和管理，能够提高管理效率，降低服务成本；人工智能技术，即可以利用人工智能技术来优化各项业务流程，如在数据的基础上构建"领导驾驶舱"，提升决策科学与精准度；区块链技术，即通过区块链技术建立更为安全的数据交换和管理体系，确保数据共享与使用更加的安全、稳定和高效。总之，作为一个技术体系，这五大技术一体发展、互相融合，按照数字化转型的要求，可以看作大数据是数字资源，云计算是数字设备，物联网是数字传输，区块链是数字信息，人工智能是数字智能。除此之外，还有时下流行的虚拟现实技术、元宇宙等，无一不影响着人们的日常生活和社会治理的模式运行。

（四）数字基层治理

从学理上，究竟什么是数字基层治理呢？尽管大家对这个词有所了解，但这却是各地政府在基层治理数字化转型过程中难以清晰解答的问题，就连学术界对此也缺乏科学准确的定义。那么，数字基层治理究竟是什么呢？从政权建设的角度理解，是不是电子政府、数字政府？或从社会发展的角度理解，是不是智慧社区、数字化社区建设？抑或从物理形态的角度理解，是理念、工具、平台、体系还是机制？等等。各种建设实践和理念创新纷至沓来，与之相关的名词、含义繁多且零碎，这对社区建设领域的学者和数字化转型的建设者与管理者而言，无疑是一个令人困扰也易引发歧义的难题。从一定程度上讲，上述这些问题反映出各界对数字技术嵌入基层社会治理这一现象不同维度的认知，各有侧重，好比"盲人摸象"，存在"一叶障目"之嫌。因而，前面分别对社会治理、基层治理、数字技术等概念进行系统描述，从治理的演进、基层的限定、技术的特性逐一展开，使"数字基层治理"这一概念定义得以"浮出水面"。

本书对"数字基层治理"这一概念进行总体界定。所谓数字基层治理，也可称为基层治理数字化，它不仅体现为一种技术手段，而且呈现为一种状态结果。这个概念从社会科学的角度予以界定，是指在政府的主导下，由街道（社区）、市场和社会机构等多方主体广泛参与，利用新一代数字技术将基层社会全貌由物理形态转化为数据要素，通过数字化方式来定义、测量和运算基层社会事实，明确工作责任、流程和方法，进而使基层治理各项工作及成效清晰化。根据治理实际需要，进一步精准锁定民生问题，靶向瞄准风险隐患，合理调配辖区资源，统合多元主体，实现主动治理，提供优质服务，提升人民群众的满意度与幸福感，构建完善共建共治共享的基层社会治理新格局。在城市基层社会治理实践工作中，智慧社区作为智慧城市建设的基本构成和数字政府建设的最基础层级，是数字基层治理的典型建设样态。数字化社区治理则是智慧社区建设下的社区治理创新模式，是增进民生福祉、夯实基层治理的"推进器"。因此，以智慧社区及其数字化社区治理为代表的数字基层治理的逻辑叙事及展开，是本书的叙述主调与贯穿主线。鉴于社区在国家治理中的根基性地位，故本书将数字基层治理聚焦于社区层面展开探讨，阐述社区的数字基层治理。

二、社区治理现代化的基本内涵

（一）社区治理理念现代化

一定的发展实践都是由一定的发展理念来引领的，所谓理念乃行动之先导，其意旨在于此。自党的十八届三中全会首次提出"国家治理"以来，推进国家治理体系和治理能力现代化便步入新征程。在社区层面，从社区建设政策的历时性向度来看，这些年一直在"持续强化"推进社区这一国家政治结构中最基层的权力运行方式转变。2017年，中共中央、国务院印发的《关于加强和完善城乡社区治理的意见》指出应"务实推进智慧社区信息系统建设"，2021年，中共中央、国务院印发的《关于加强基层治理体系和治理能力现代化建设的意见》对"加强基层智慧治理能力建设"作出系统性纲领指引与变革方向。自党的十九大以来，习近平总书记就提升社区治理现代化水平这一议题，提出了"一个国家治理体系和治理能力的现代化水平很大程度上体现在基层"[①]"夯实城市治理基层基础"[②] 等重要论述，这代表着我们党的政策理念和思路在社会治理领域的全新升级，为新时代社区治理提供了根本遵循。

1. 共建共治共享的理念

社会治理的终极目标，是满足人民群众对美好生活的向往，那么，什么样的社会治理是人们所期望的呢？党的十九大报告首次提出，打造"共建共治共享的社会治理格局"，并对其进行了总体规划与深入阐释。在此基础上，党的十九届四中全会将其上升到国家制度层面，面向基层社会治理的新时代新形势，在提出推进市域社会治理现代化的同时，进一步提出了构建这一新格局的要求与创新举措。社区的重要性毋庸置疑，之所以要强调"共建共治共享"，是因为社区是小区治安、服务供给、资源整合、文化建设的基本单元与主要载体。首先，所有的管理都应以服务社区居民为宗旨，社区治理工作不只是管理，更是服务；其次，社区治理主体正从传统的由政府主导的由上到下的单向管理，向基层社区各相关主体协同协作转变；再次，以动态化的治理替代一成不变的治理，以动态化的

[①] 2020年7月23日，习近平总书记在吉林考察调研时发表的讲话。

[②] 2022年6月28日，习近平总书记在湖北省武汉市东湖高新区左岭街道智苑社区考察时的讲话。

治理理念来满足社区治理需求变化发展[①]，所产生的成效能更好地服务人民。总而言之，共建共治共享的理念彰显出坚持以人民为中心、多元合作共治及提升公共服务质量的新时代社区治理模式，这充分体现了党和国家对社会治理模式、社会问题处理的进一步深化。

2. 依法治理的思维

随着全面依法治国步伐的加速推进，法治已成为衡量国家治理体系成熟与定型的关键标志。在这一背景下，深入推进社会治理法治化进程，是实现社会治理现代化的坚实保障和关键所在。在社区治理场域下，现代中国的社区由于历史原因具有其先天特征，在以熟人社会为纽带的单位社区所培育出的"大院文化"，尽管有一些约定俗成的规范制度，但在许多行为范式上往往与理性客观的法治精神相背离，而现代社会生活方式的改变又使得居民更多关注自身个体与自由，集体观念日趋淡漠。对此，推进社区治理现代化的一个重要支撑点就是要重塑社区层面的法治精神，倡导居民守法，重视管理程序，规范服务行为，确保在处理社区事务中"法无禁止即可为""法无授权不可为"[②]的法治精神。一方面，社区治理法治化首先要有具备法律效力的规章制度，包括涉及社区居民生活中的人身关系和财产关系等基本民事权利。通过法律明确政府在管理社区时的责任，明确居民行为及主体间的边界，从而规范应对多元社区治理主体、繁杂社区治理问题。此外，专业社会力量的参与，如邀请法院工作人员、律师等进社区普法，帮助居民树立法治理念，对发挥法律规章在社区治理中的作用大有裨益，如此才能将社区治理的各个领域全面纳入法治化轨道，建成有法可依的现代化社区。

---

① 李拓.制度治理：一个划时代的改革命题［M］.北京：国家行政学院出版社，2020.

② 王华杰，薛忠义.社会治理现代化：内涵、问题与出路［J］.中州学刊，2015（4）：67-72.

同时，弘扬良好的道德习俗等非正式制度，如社区价值观念、文化认同等，其作为"软法"在社区治理现代化进程中具有不可替代的作用。另一方面，对于社区内部矛盾、风险事件应急处置等，需在法治框架下加以解决。一是通过行政手段层层调节、多方协同；二是以建章立制的思维寻找相应的法条来制定适合本社区的制度。同时，要有建立社区权力清单的自觉性，接受居民监督，透明管理流程，营造人人守法、依法办事的法治环境。

3. "全周期管理"的意识

"全周期管理"最早由习近平总书记于2020年在深圳经济特区建立40周年庆祝大会上提出，他强调"要树立全周期管理意识，加快推动城市治理体系和治理能力现代化"[①]。这一论述精准地洞察到了当今城市治理的复杂性、社会风险的常态化以及居民诉求的多样化等新情况。可以说，"全周期管理"的提出成为推进新时代社区治理现代化的新课题与新要求。社区作为城市治理的最基础层级，直面居民诉求与社会矛盾，更是自然灾害、风险事件的直接承受者，其重要性不言而喻。鉴于此，应强化城市社区的"全周期管理"意识，将社区视为一个有机整体、生命共同体，将社区运行管理当作一项系统性工程，在管理与服务的所有环节始终保持同频监督且具可追溯性。一是从内源性的角度来看，"全周期管理"指的是将某一机体从生长、成熟到衰退的各个阶段都纳入统一的监管框架内，确保各个环节和各个阶段能够得到有效的介入与反馈。二是从拓展性的角度来看，社区作为人民群众共同生活的家园，这一复杂系统也凸显出其治理的复杂性和长期性，不但要在纵向上铸牢治理链条，强化源头治理，而

---

① 习近平. 在深圳经济特区建立40周年庆祝大会上的讲话［N］. 人民日报，2020-10-15（02）.

且要在横向上注重治理的宽度与广度，通过各相关部门的协调配合来确保社区运行的科学有效。三是从经济学的角度来看，"全周期管理"能够降低社区运营成本，避免重复管理，实现辖区资源合理化配置。四是从管理学的角度来看，"全周期管理"促使社区管理机制更加完善，实现静态监管和动态治理的有机统一。

4.技术治理的观念

有学者指出，治理的使命是通过认清治理对象的现状和问题，从而把它带入更好的状态，这也是技术的内在含义。[①] 社区治理现代化作为社会治理现代化的子单元，是系统治理、依法治理、综合治理和源头治理的全方位一体化工程。若要推动治理效能的全面提升，必然要有充分的理论创新。那么，如何加速推动社区治理的标准化、协同化、精准化、规范化和信息化，就需要将新科技革命的理论成果切实转化为治理效能，为构建好共建共治共享的社会治理格局提供基础支撑。当前，我们正处于全球化新局面、产业变革与社会转型三重叠加的历史交汇阶段，推进社区治理现代化亟须利用好新科技革命的创新转化成果，以技术治理的观念指导实践，实现治理的数字化、智能化。"技术治理"一词，起初或许只是科技迅猛发展时代下涌现的一个新兴概念，尚未形成系统的理论体系或标准化的解释。然而，从字面及其实质意义上理解，技术治理旨在通过将新技术革命所带来的创新成果转化为技术层面的实际应用，来强化和提升在不同场景下的治理效能及水平。我们很难对技术治理的前景与准确定位进行预测，然而在社会治理领域，有一点可以肯定的是，技术治理正在推进国家政权建设和社会发展建设，每一种治理技术的运用，背后都体现出国家和

---

① 彭亚平. 治理和技术如何结合？：技术治理的思想根源与研究进路［J］. 社会主义研究，2019（4）：71-78.

政府对社会治理的明确目标。因而，技术治理对执政者和基层管理者提出了更高的标准要求。

（二）社区治理体系现代化

社区治理体系是国家治理体系的最基础结构单元，社区治理体系现代化是社会治理体系现代化的关键环节。所谓"体系"，一般认为是在一定时空范围内的事务以特定秩序和关联所构成的有机整体。社区治理体系包括社区治理中的组织框架和运行模式，是基层社区治理的工作基础与坚实保证。2021 年 7 月正式印发的《中共中央 国务院关于加强基层治理体系和治理能力现代化建设的意见》明确指出了"建立起党组织统一领导、政府依法履责、各类组织积极协同、群众广泛参与，自治、法治、德治相结合的基层治理体系"①，这为建构和完善新时代社区治理体系现代化提供了纲领性指引。

1. 党建引领社区治理的体制机制

前面提到，中央社会工作部的设立，意味着我国党建引领基层治理进入了更高层次、具有里程碑意义的发展阶段。自党的十八大以来，中央多次强调发挥党建引领的作用，将党建引领这项工作视为贯穿社会治理和基层政权建设的一条红线。在当代中国，坚持党的领导是全国各族人民共同意志和根本利益的集中体现，更是推动具有中国特色的社会治理不变色、不越轨的根本保障。社区作为市域社会治理现代化的"最后一公里"，更要充分发挥党建引领的"领头雁"作用，彰显我们党的政治优势和制度优势。在中国共产党的领导下，各类群团组织全面参与社区治理与服务中，是党和政府联系人民群众的桥梁纽带；各类国有企事业单位为地

---

① 中共中央 国务院关于加强基层治理体系和治理能力现代化建设的意见 [N].人民日报，2021-07-12（01）.

区经济社会发展提供有力支撑，是社区治理与服务的供给保障；各级群众自治组织不仅担负着大量社区服务职能，也担负着部分社区治理职能[①]，是政府基层社会治理的支撑力量。这些工作均在中国共产党的领导下协同开展，这也从侧面凸显了强化基层党组织建设的领导力和引领力的重要性。在社区治理体系中，要加强以基层党组织为核心、完善社会组织和社区居民等多元主体合作共治的社区治理机制，进一步确保社区治理在正确的政治轨道上运行。

2.政府依法履责的行为规范

政府作为社区治理的核心引领者，其政策导向在很大程度上决定了基层社区治理的发展方向。自党的十八大以来，党中央高瞻远瞩，将社区治理提升至关乎党的执政根基的重要高度，视其为推动国家治理体系和治理能力现代化的坚实基石。在顶层规划层面，持续推动社会治理重心向基层倾斜，不断充实社区人力，提供财力和物力，以增强社区的服务能力与自治能力。党的十九届四中全会更是以制度化的形式，明确了社会管理和服务工作向基层下沉的战略部署，旨在将更多优质资源精准投放到基层一线，以提供更加个性化、精细化的社会服务。从政府治理角度来看，社区治理的效能直接反映出基层政府的治理能力。在基层政府依法履职和有效领导下，社区能更有效地开展小区治安维护、公共服务供给等工作，并建立健全居民利益表达、协调与保护机制，促进社区和谐稳定。在具体事务中，基层政府注重厘清多元主体的权责边界，对属于政府职责范围内的公共管理和服务职能进行明确界定和规范化管理。通过确保在人员配置、资金投入、工作流程、责任落实等各方面的到位，基层政府有效

---

① 中共中央党校（国家行政学院）.习近平新时代中国特色社会主义思想基本问题[M].北京：中共中央党校出版社，2020：297.

防止了社区事务管理中的分散化、推诿扯皮等问题。同时，基层政府还积极推动社区治理的制度化和规范化进程，为社区治理的有序发展提供了有力保障。

3. 社会力量协同的作用发挥

培育大量专业化的社会组织，对推动基层党组织作用最大化、增强社区治理与服务水平具有重要作用。社区社会组织作为新时代社区治理的主要参与者和主体之一，其具有公益性、服务性、自治性特征。在参与社区治理过程中，各类社会组织致力于为基层群众提供多元化的优质服务，旨在不断促进社区和谐、优化小区环境，并提升居民生活质量。若要真正使这些社会力量发挥效能，有必要在协同治理上下功夫，通过实施政府购买服务、健全激励政策、完善补偿机制等举措，进一步提升社区公共服务市场化水平，鼓励和引导各类企事业单位、社会组织、群众积极参与社区治理，共同构建人人有责、人人尽责、人人享有的社区治理新格局。同时，各类社会力量应严格遵循依法管理的原则，进行自我约束、自我管理，建立健全行业规章、团体章程及市民公约等社会规范体系。此外，还需要进一步加强对各类社会组织的培育和规范，优化其管理体制，推动实现权责明确、规范自律、依法自治的社区治理和公共服务模式，更好地发挥社会力量的协同治理效能。

4. 群众积极参与社区动员

习近平总书记强调，人民有了解和参与城市社区治理决策的权利，有监督和评价城市社区治理成效的权利，要鼓励社会各界以多种形式参与城市社区建设和治理。[①] 基层群众不单是社区治理与服务的主要对象，更

---

① 中共中央文献研究室. 习近平关于社会主义社会建设重要论述摘编 [M]. 北京：中央文献出版社，2017：123.

是推动社区治理现代化的重要依靠力量。社区是群众的生活家园，群众满意度是检验社区治理成效、社区服务质量的重要标尺，如北京市"接诉即办"机制中的一个重要评价指标就是"满意度"。扎实做好社区动员工作，引导社区群众依法、理性且积极地参与社区管理和服务工作，充分激发群众在社区管理和服务工作中的活力与创造力，同时引导培育居民不断加强自我管理、自我服务和自我发展的能力，营造出社区治理共同体的良好氛围。与此同时，作为社区群众性自治组织的社区居民委员会、业主委员会应发挥动员群众、搭建平台的载体作用。在日常工作中，注重双向协商理念，尊重社区组织的主体地位，以权力下放等方式赋予其一定的职权和施展空间，并对过程进行依法监管，推动基层社区自治组织与居民共同成为筑牢新时代城市社区治理现代化的重要力量。

（三）社区治理能力现代化

社区治理能力不仅是城市治理水平的直接体现，还在很大程度上代表着基层政府的执政水平。它不仅关乎地区社会发展稳定和人民幸福安康，从更广泛的层面来看，更是国家治理能力的具体体现。习近平总书记曾对国家治理能力进行了精准界定，指出"运用国家制度管理社会各方面事务的能力，包括改革发展稳定、内政外交国防、治党治国治军等各个方面"[①]。社区治理能力是国家治理能力在基层的深入实践，其构建涵盖了政府行政执法能力、社会力量协同治理能力、社区自治组织议事协商能力以及社区数字治理能力等。新时代社区治理能力的现代化建设，更侧重于各治理主体能力的全面发展与系统协同，以构建更加高效和谐的社区治理体系。

---

① 习近平.切实把思想统一到党的十八届三中全会精神上来[J].求是，2014（1）：3-6.

1.政府行政执法能力

在科层制下，街道办事处作为政府的派出机构，是社区治理工作中直接与社区群众打交道的基层政府机构，全面统筹和协调负责社区治理工作。不断加强基层政府的行政执法能力，是社区治理现代化的关键因素所在。[①] 在社区治理中，街道办事处的主要职能包括：为居民提供公共产品、公共服务，进行公共管理，维护社区秩序和环境等。需要特别强调的是，贯彻落实党和国家的各项大政方针，确保社区治理各项工作的严格执行与合力运行，这是其更为重要的职责。不同于其他社区治理主体，行政执法能力在性质上具有合理性、合法性和强制性的特点，这使得它能够对社区公共资源进行合理有效的调控。随着现代城市化进程的加快，社区所面临的社会风险也日益多元化。城市治理水平在很大程度上取决于基层政府的治理水平。基层政府依法赋予社区一定的行政权、统筹协调权和应急处置权，在整体上提高了地区的行政执法能力和治理效能。

2.社会力量协同治理能力

各类社会组织主要从市场角度出发，致力于为民众提供服务。它们的主要职责在于辅助并补充政府的供给体系。如部分居民或群体的特殊需求难以通过政府渠道得到满足时，社会组织能够迅速响应，提供必要的服务和资金支持。这种做法不仅有助于完善社区的治理结构和供给体系，同时也促进了社会组织自身经济收益的增长和品牌影响力的提升。社会组织积极承担社会责任的体现，在于它们能够凭借专业化、精细化的业务优势，深入特定领域，与基层政府和社区形成良好协作，共同为居民提供更加便捷、贴合实际需求的产品与服务。这种合作模式在很大程度上支

---

① 丁元竹.社会治理现代化的探索［M］.北京：国家行政学院出版社，2016：125.

撑了政府的基层治理工作，不仅提升了治理效能，也增强了社区的凝聚力和活力。因此，基层政府、社区自治组织与社会组织之间的通力合作至关重要。三方协同合作不仅扩大了服务供给范围，还显著提升了社区治理的效率。在不断提升社会力量协同治理能力的过程中，社区治理现代化迈出了重要步伐。值得注意的是，社会组织在基层政府的规范和监管下，应促进社区治理中的政经结合，既要保障营利性机构合理的资本收益，又要坚守为民服务的初心，实现社会价值与经济价值的双赢。这样的做法有助于强化协同治理的可持续性，推动社区治理向更加健康、稳定的方向发展。

3.社区自治组织议事协商能力

社区居民在参与社区治理过程中，一项重要任务是表达意见以及对政府工作进行有效的监督，因而，畅通的协商表达渠道是根本保障。社区自治组织作为社区居民自我管理、自我教育、自我服务、自我监督的群众自治性组织，[①] 社区居委会、业委会和社区服务站等是其统称，呈现出居民及其团体之间的一种交互关系模式。随着居民参与社区治理意识的日益增强，他们更倾向于通过这种团体性、自组织、自管理的方式来维护自身权益，并在这一过程中实现精神层面的价值认同与满足。虽然社区自治组织属于基层群众功能性组织，但其在国家治理体系中扮演着不可或缺的支持与补充角色，特别是在社会动员、纠纷调解、风险防控等方面发挥着重要作用。为了进一步强化社区自治组织的议事协商能力，各地正积极探索并推广党建议事协调委员会等机制，旨在建立和完善基层民主协商制度。这一努力的核心价值在于推动社区治理现代化，通过社区自治组织的议事协商平台，激发居民自我管理的潜能，有效降低社会治理成本，改善社区

---

① 向德平.社区组织行政化：表现、原因及对策分析［J］.学海，2006（3）：24-30.

人文环境与服务条件，促进社区资源的高效整合与利用，最终达到构建社区治理共同体的目标。

4. 社区数字治理能力

大数据、云计算、人工智能等新一代数字化技术的迅猛传播与深入应用，正积极推动社区治理工作逐步向数字化治理模式转变，智慧社区、数字化社区建设已成为趋势。在此背景下，要实现社区治理现代化必须提升数字治理能力。尽管前文已阐述了数字化对社区治理的多维度影响，但构建一支高素质、强能力的社区工作者队伍，无疑是有效实施数字化社区治理的直接保障。面对社区日益复杂的新形势与利益多元化趋势，社区工作者需具备扎实的数字素养与综合能力，以适应智慧社区的建设与治理。技术的引入并非目的，而是解决社区实际问题、提升治理效能的手段。它旨在更有效地应对中国社区治理中的难点与痛点，促进社区治理的精细化与智能化。在此过程中，居民的角色发生了深刻变化，从以往的被动接受者转变为社区公共事务的积极参与者、主动行动者。数字化技术不仅为社区治理赋能增效，还需聚焦于社区工作者数字能力的提升，通过系统的素养培训和实战演练，增强其应用数字技术解决问题的能力。同时，要紧密围绕居民需求，赋予居民更多权利，推动形成多元主体合作共治的良好格局，进而增强人民群众的幸福感、获得感和安全感。

三、相关理论支撑

（一）习近平新时代中国特色社会主义思想

党的十八大以来，以习近平同志为核心的党中央，坚持以马克思列宁主义、毛泽东思想、邓小平理论、"三个代表"重要思想、科学发展观为指导，坚持解放思想、实事求是、与时俱进、求真务实，坚持辩证唯物主义和历史唯物主义，紧密结合新的时代条件和实践要求，以全新的视野深化对共产党执政规律、社会主义建设规律、人类社会发展规律的认识，进行艰辛理论探索，取得重大理论创新成果，创立了习近平新时代中国特色社会主义思想。[①] 在中国特色社会主义迈入新时代的历史背景下，习近平新时代中国特色社会主义思想以其丰富的内涵、深远的意涵，构建了一个体系完整、逻辑严谨、内在统一的科学理论体系，为新时代坚持和发展中国特色社会主义提供了坚实的理论支撑与实践指南。面对社会发展的新趋势与新挑战，社会治理作为社会建设的核心任务，受到了前所未有的重视。习近平总书记以超凡的战略眼光和敏锐的洞察力，明确提出推进"社会治理现代化"的宏伟目标，致力于治理理念、治理实践及治理制度的全面创新。这一重要论述，不仅是站在历史新起点上的创新性理论成果，更是推动国家治理体系和治理能力现代化向纵深发展的基石。

一是坚持以人民为中心的发展思想。习近平总书记曾指出："中国共产党的一切执政活动，中华人民共和国的一切治理活动，都要尊重人民主体地位。"[②] 这鲜明地揭示出，人民群众是社会财富的创造者，是社会变革的决定性力量，是社会发展的内生动力，推进新时代社会治理现代化，就务必坚持以人民为中心的发展理念这个首要前提，将人民群众的利益摆在首位，不断满足人民群众日益增长的现实需求。习近平总书记提出的"人民中心论"，是与新时代中国经济社会发展相适应

---

① 刘云山.深入学习贯彻习近平新时代中国特色社会主义思想［N］.人民日报，2017-11-06（02）.

② 习近平.在庆祝中国人民政治协商会议成立65周年大会上的讲话［N］.人民日报，2014-09-22（01）.

的价值理念，更是对人民群众现实需求的积极回应。社会治理模式的不断创新蕴含着社会发展的客观规律，侧面反映出人民群众的美好期望。所以，坚持以人民为中心的发展理念，是建设中国特色社会主义现代化国家的核心基础理论，并贯穿于开展中国特色社会主义社会治理实践的全过程。

二是坚持以基层社区为重心的社会治理导向。正所谓基础不牢，地动山摇。习近平总书记曾指出："社区是党和政府联系、服务居民群众的'最后一公里'。"① 随着城镇化进程的加快和社会结构的深刻变化，城市边界的扩展和人口的增多，现代社区所面临的阶层结构、突发事件、社会关系日趋复杂。而社区作为社会的基本架构和社会的治理基石，其重要性日益凸显。社区治理是国家治理的基本单元，是社会治理的重要场域。基层社区治理的好与坏，直接关乎社会秩序的稳定和社会活力的激发，更涉及人民群众对美好生活的向往。由此可见，夯实社会治理根基，持续提高社区治理与服务水平，进而推进社区治理现代化，乃是实现社会治理现代化的重要目标。

三是坚持加强和完善党对社会治理的领导。习近平总书记强调，"中国特色社会主义最本质的特征是中国共产党的领导"②，"要加强党委领导，发挥政府主导作用，鼓励和支持社会各方面参与，实现政府治理和社会自我调节、居民自治良性互动"③。回顾历史，如果没有中国共产党的领导，就没有中国特色社会主义实践的开创和发展。总体而言，坚持中国共产党的领导是站在"两个百年"历史交汇点上建设富强民主文明和谐的社

① 中共中央文献研究室.习近平关于社会主义社会建设重要论述摘编［M］.北京：中央文献出版社，2017：134.

② 中国共产党第十九次全国代表大会文件汇编［M］.北京：人民出版社，2017：16.

③ 十八大以来重要文献选编（上）［M］.北京：中央文献出版社，2014：555.

会主义现代化国家的必然要求，是"中国之治"的核心密码。党的领导这一核心密码，是推进社会治理现代化的根本和关键，是确保社会治理现代化的前行方向。社会治理现代化作为一项艰巨复杂的系统工程，离不开社会各界的积极参与和支持。只有坚持党的领导，才能最广泛地动员和有效地凝聚各类社会主体的力量；只有通过基层党组织的各项工作和党员先锋模范作用，才能调动广大人民群众的积极性和创造性，共同推进社会主义社会治理的现代化。不同于西方国家的价值追求，只有在中国共产党的领导下，才能最广泛地动员和凝聚全社会力量。通过基层党组织的各项工作和党员先锋模范带头作用，进一步激发广大人民群众的积极性和创造性，共同推进社会主义社会治理现代化。

四是坚持以数字化智能化为特征的社会治理模式创新。习近平总书记曾指出："要运用大数据促进保障和改善民生……推进'互联网＋教育'、'互联网＋医疗'、'互联网＋文化'等，让百姓少跑腿、数据多跑路。"①这为社会治理模式创新指明了方向。走适合中国实际的社会治理之路，需要运用合理正确的社会治理方式。新时代新征程，推进社会治理现代化建设，需要发挥好科技的支撑作用，不断塑造社会治理新动能新模式新优势。要充分发挥数字技术等新一代信息技术应用，深入推进智慧社区建设，着力解决社会治理平台尤其是基层信息系统建设统筹整合不足等问题，提高服务效能，创建"科技让生活更美好"的数字服务新场景，促进数字化智能化便民服务，为社会治理各项工作插上数字技术的翅膀。

---

① 习近平：审时度势精心谋划超前布局力争主动 实施国家大数据战略加快建设数字中国[N].人民日报，2017–12–10（01）.

（二）技术治理理论

技术治理，顾名思义，是"现代技术"与"治理"的结合，涉及与各类技术相关的治理理论与实践，在各类不同场景中的应用所引发的一系列后果。一方面，技术治理理论解释了技术治理的概念来源，强调技术与治理的结合；另一方面侧重于分析技术在不同场域治理中发生作用的环境、过程、机制及结果。基于以上表述，本部分将分别从理论与实践的视角出发，对技术治理理论进行全面的阐释分析。

其一，理论内涵。技术治理（Technocracy）兴起于西方20世纪20年代初的技术治理运动。当时的西方国家，自由资本主义正向垄断资本主义过渡，社会内部矛盾激化，且电力革命蓬勃发展，在这一大背景下涌现出了一大批思想家与学者。他们强调"专家"与"技术"在国家治理中的重要性。故而，技术治理源于需要确立科学家、工程师等专家在公共决策中的重要地位，以及明确技术这一治理工具在国家治理中的重要价值。具体体现为：一是遵循"技治主义"（Technocratism）逻辑。20世纪下半叶，技术治理运动达到鼎盛时期，"专家"的概念逐步从自然科学领域延伸到社会科学领域，众多社会科学领域专家加入技术治理运动中，借助科学的方法与原理治理社会，推动自然科学技术在社会运行中的理性化。二是治理的多种技术化取向。技术治理运动中社科色彩的日益浓厚，逐渐形成了技术治理"工具说"观点。这与韦伯所提出的现代科层制的理性精神相符，主张"可计算的法制系统"与"基于规则的行政管理"①。随着数字技术的发展，科技革命中诞生的新型技术，使技术治理的概念不仅指以数字技术为科技工具

----

① 彭亚平．技术治理的悖论：一项民意调查的政治过程及其结果［J］．社会，2018，38（3）：46–78.

的代表与国家治理的深度融合以提升国家治理效率，还指国家治理技术化、模式化治理范式，数字技术有助于推动治理过程中新范式的出现。三是产生复杂价值面向。亚里士多德认为技术的功能在于改变事物的状态，使其从"潜在"转变为"实在"①。将此带入国家治理的过程中，或可理解为治理的化繁为简，但由于社会现象的复杂多元性，会对技术治理观念造成简单化、单一化误导，反而会成为技术治理出现问题的原因。

其二，实践内涵。政府部门行政管理的现实需求是技术治理理论构成的主要发展动力。许多学者尝试从技术治理的运行和结果分析技术发生作用的过程、机制等，以满足政府治理变革的需求。具体而言：一是从运行过程来看，人们通常将"组织"作为观察对象，通过组织变迁的结果来解释技术治理的微观运行，进而形成了技术—组织互构论的研究范式。在此之前，技术决定论与社会建构论曾先后作为技术治理理论中的重要论断，前者将技术治理视为技术调整组织结构的过程，后者认为技术是社会或历史建构中的一种结构。②20世纪80年代以来，学者们开始用更加综合的方法观察技术治理的过程，从"技术—组织"互构论的视角，研究技术治理发生作用的机制。二是从结果来看，学界从正反两方面对结果进行阐释，技术治理能够带来资源优化、效率提升等正向结果，如信息数据在部门间的快速流转，破除了信息壁垒与"信息孤岛"，实现数据共享，同时网络问政、便民热线的发展助力于政府与市民的互动，但也可能导致技术黑箱、技术垄断、技术鸿沟等问题和风险，如前文提到的技术治理化繁

---

① 亚里士多德：形而上学［M］.吴寿彭，译.北京：商务印书馆，1959：106-107.

② 黄晓春.技术治理的运作机制研究：以上海市L街道一门式电子政务中心为案例［J］.社会，2010，30（4）：1-31.

为简的思维造成简单化的信息失真、扭曲①，以及过度依赖技术的应用，会使人自身丧失对事物的判断力，等等。

（三）数字治理理论

从 20 世纪 90 年代起，在新公共管理时代，政府治理碎片化等问题增加了治理的复杂难度，而与此同时，信息技术的发展与应用在政府运行中逐步展现出其强大的治理价值，政府信息化建设成为当时提升政府治理绩效的重要举措。概括来讲，数字治理理论的出现，一方面与新公共管理时代下的政府治理现状紧密相关，另一方面则伴生于信息技术的飞速发展。基于此，本部分将分别从理论兴起与实践情况进行阐释。

其一，从数字治理理论当时兴起的全球背景来看，由于传统公共行政模式的衰败，及其所导致的组织僵化及治理低效等问题凸显，新公共管理日渐式微。20 世纪 70 年代，西方国家开始推行新公共管理改革。尽管新公共管理理念从本质上提升了服务效率、满足了客户需求，但过度强调效率与分权，加剧了公共服务供给的碎片化，这不但使政府在回应民众时的主观倾向越发严重，倾向于解决容易解决的问题，还将其他问题转交给其他机构，这种分权一定程度上阻碍了基层与上级的沟通，出现了沟通不畅、重复建设、资源浪费等现象。此外，新公共管理所推崇的私营部门理念及方法，致使政府治理的"弱公共利益"向"强私人利益"转化，比如推崇民营化和签约外包等私营管理方式，一旦公私出现利益冲突，便会有损社会公平，最终损害公共利益。除此之外，还有一个重要的背景因素，即前面提到的对数字技术的概念解释，其为数字治理理论提供了工具基础。数字技术重构了组织结构，推动了传统

---

① 张福磊，曹现强 . 城市基层社会"技术治理"的运作逻辑及其限度［J］. 当代世界社会主义问题，2019（3）：87-95.

公共服务部门从以部门为中心、以效率为核心的价值取向到以公民为中心的转变。[①]在公私间的合作管理中，数字技术还能够重塑合作业务流程，拉近政府、市场、市民之间的关系。对于私人部门而言，数字技术的运用可以有效降低运营成本、提升经济效益；对于政府而言，数字技术的引入可以加快政府组织变革创新，增强公共服务能力；对于市民而言，数字技术的使用可以实时查阅政府政策，准确掌握自身各项需求。

其二，数字治理理论的主要代表人物英国学者帕特里克·邓利维（Patrick Dunleavy）认为，数字治理理论应包含三大主题：重新整合（Reintegration）、以需求为基础的整体主义（Needs-basedholism）以及数字化变革（Digitization change）。[②]分别来看，一是重新整合。该理念是为了进一步修正新公共管理改革过程中的碎片化、重复化等问题，目的是推动分散的职能和机构重新整合，解决重复建设和资源浪费等问题，并提升公共产品供给的效率。具体包含9个方面：重新整合机构化和碎片化、协同治理、重新政府化、重建或重新巩固中央政府流程、从根本上挤压过程成本、重新设计后勤部门功能的服务交付链、采购的集中化和专业化、在"混合经济"的基础上共享服务以及网络简化。[③]简而言之，重新整合是为了对官僚组织内部的权力进行重塑和把控好政府权力下放的边界。二是以需求为基础的整体主义。它更加强调在精简、合并政府机构的基础上，通过调节政府机构与公民之间的关系，以公民和服务为组织基础构建一个适应社会环境变化并能快速反应的灵活政府，包含6个要素：交

---

① ALFRED Tat-Kei Ho. Reinventing Local Governments and the E-Government Initiative[J]. Public Administration Review, 2002, 62（4）.

② DUNLEAVY P. Digital Era Governance: IT Corporations, the State, and E-Government[M].Oxford: Oxford University Press, 2006: 226.

③ 同②: 22.

互式的信息查询与供给、基于顾客或需求的机构重组、一站式供应服务与一次性问询程序、数据仓库、重塑端到端（结果到结果）的服务流程再造和敏捷、灵活的政府过程。[①] 需要说明的是，交互式的信息查询与供给是"以需求为基础的整体主义"数字治理的基础，"基于顾客或需求的机构重组"为政府探测需求信息创造了空间，能够推动业务流程和结果到结果的服务流程再造，实现各个环节的透明并接受群众的监督。这样不仅优化了数据和组织层面，还优化了服务和治理机制，是以公共价值为驱动力优化政府决策的具体体现。三是数字化变革。这个词语在这些年的政府工作报告中屡见不鲜，可以认为是政府受到数字化的直接影响，其内部的组织和文化变革以及文明带来的行为转变。包含 9 部分内容，即提供电子服务交付、基于网络的效用处理、国家指导的集中信息技术采购、自动化流程的新形式、彻底的非中介化、精细的渠道分流和顾客细分、减少受控渠道、促进权力均等主义的行政事务管理和走向开放政府管理。[②] 由此，在数字技术的影响下，政府部门在职责和责任上不断整合，不断优化形成更加扁平且开放的组织结构。此外，通过加强政府部门协同程度，塑造以公民为中心的治理理念，进而建构起面向公民需求的数字治理场景。

（四）适应性结构化理论

进入 20 世纪 90 年代，DeSanctis 和 Poole 为了考察信息技术在组织变革中的角色扮演与作用发挥，结合群知识决策系统（Group Decision Support System，GDSS）正式提出了适应性结构化理论（Adaptive

---

① DUNLEAVY P.Digital Era Governance：IT Corporations，the State，and E-Government [M].Oxford：Oxford University Press，2006：229.

② 同①.

Structuration Theory，AST）。① 他们认为，信息技术的社会结构特征可通过技术的结构特征、内在价值以及使用技术时的外在环境加以描述，新的社会结构特征会在组织与技术提供的规则或资源之间的互动过程中再次生成。当信息技术、社会结构特征、技术采纳流程以及决策程序都已合理形成之后，继而出现高效的组织绩效。② 从一定意义上来说，该理论能够描述技术使用者的理解和应用情况，以信息技术的结构特征影响实际决策。通过对实施信息技术改变组织结构这一表象的深层次分析，为信息技术嵌入组织过程提供了一个动态分析框架。作为支撑本书的主要理论之一，更有利于深入理解数字技术赋能基层社会治理的内在机理及相关情况的解答。事实上，个人与社会的关系问题一直是社会科学研究范式的基本旨向，同理，先进技术与社会结构之间相互作用时，可以看到技术的效益溢出，组织、社会乃至个人对其如何采纳、接受进而使得社会结构得以优化，有学者也指出了技术的采纳其实反映出了组织的变革过程。③ 该理论已在商业经济、计算机科学、情报学等获得了广泛的应用。

总体来看，适应性结构化理论从技术的结构化属性和适应性使用维度来阐述技术、社会结构与人际交互间的相互影响，以实现数字基层治理全方位的理论与实践研究。核心思想是结构化和适应性，结构化是人与社会结构特征交互的社会过程，认为人的活动受到结构的限制与制约，而当前的结构是之前活动的结果。适应性描述人们如何选择使用技术内的结构，以不同方式来适应每个技术的内部结构特征，放大、对比、确认或否

---

① DESANCTIS G，POOLE M S.Capturing the complexity in advanced technology use：adaptive structuration theory［J］.Organization Science，1994，5（2）：121–147.

② 曲刚，王高峰，周洋.调适性结构化视角下的信息系统实施：通信公司视频会议系统实施案例分析［J］.管理案例研究与评论，2011，4（5）：380–392.

③ HILTZ SR，JOHNSON K.User satisfaction with computer-mediated communication systems［J］.Management Science，1990，36（6）：739–764.

认技术所内含的社会结构。其中，该理论意识到制度主义与理性决策主义的差异性，由此提出信息技术"二重性"的观点，指出信息技术是在特定社会组织结构和文化背景下以不同主体主观行为为转移的全新事物，它是由文化、制度和习惯等规则与信息资源组成的集合体，而社会管理部门起到了对其进行约束或推进的作用。这样就导致旧有的制度主义对先进技术缺乏重视，理性决策主义又往往忽视社会结构，该理论实现了两者的弥合与统一。可以从社会组织内部结构、信息技术本身和组织的外部环境变化这三大基本结构源头出发，分析数字化下的动态交互关系，从方法论的意义上提供了数字技术与社会治理交叉研究的全新视角。

第二章 数字基层治理的多维分析

2020年8月，习近平总书记在经济社会领域专家座谈会上指出："要加强和创新基层社会治理，使每个社会细胞都健康活跃，将矛盾纠纷化解在基层，将和谐稳定创建在基层。"2022年6月，《国务院关于加强数字政府建设的指导意见》颁布，明确提出了"运用新技术进行行政管理的制度规则，推进政府部门规范有序运用新技术手段赋能管理服务"等任务。近几年，数字技术的应用贯穿我国政府信息化建设的全过程，不断推动着政府数字化治理能力的变革升级。然而，数字化应用在大幅提升治理效能的同时，也意味着数字治理面临的风险将更加突出。开展基层治理工作，需要解决的问题多而复杂，信息技术和数字化与基层治理的融合过程同样面临着诸多制约因素，数字基层治理的实现过程亦将面临多重挑战。例如，既有基层治理的固有问题，也有数字化应用带来的新情况；既有规范所有数字技术应用的共性问题，也有规范不同技术应用的特殊治理问题。鉴于此，本章着重对数字基层治理要素的多维向度进行解读，首先研究数字基层治理的理念，以解决主体问题，即数字基层治理的理念应回归到"以人为本"；分析技术与治理在数字基层治理过程的融合问题，解决技术与治理的整体化问题；分析数字基层治理规则的法治化，解决法治与德治的结合问题；最后经过数字基层治理中的治理主体、治理方式、治理体系、治理规则的相互结合和整体互构，能够打造出一个和谐且高效的基层社会治理共同体。

一、"以人为本"的数字基层治理理念

国内外理论与实务界对基层治理的理念尽管视角各有不同，表述也不尽相同，但对于基层治理的根本目的在实质上基本相同。在我国，基层治理的核心目标就是保障民生、提供基本公共服务以及维护社会秩序稳定。基层治理工作与人民群众的需求和利益直接相关联，同时也是向人民群众宣传社会主义核心价值观、体现国家意志的前沿纽带。基层治理的好坏，将直接体现在人民群众与党和国家联系的紧密程度和拥护程度上。数字基层治理是基层治理工作伴随科技进步与应用而出现的最新发展形态，其理念既含有传统基层治理工作的共性，也有数字技术下最新衍生出的伦理、道德等新情况。即便如此，唯有坚持以人民群众的需求与利益为核心，坚持"以人为本"，这才是数字基层治理的关键核心和根本理念。

（一）三个基本构成因素

所谓"以人为本"的数字基层治理理念，应当是以"枫桥经验"为典型代表的"以人为本"的时代内涵为基础，共建共治共享为基本格局，平安和谐为目标效果。① 结合数字化的基层治理优势，逐步构建起具有共治共建共享和谐平安特征的基层治理新模式。因此，"以人为本"的数字基层治理，其基本因素可包含：党建统领、群众参与和数字便民。其中，党建统领是根本保证，人民参与是价值核心，数字便民是基本目标。

---

① 中国法学会"枫桥经验"理论总结和经验提升课题组."枫桥经验"的理论构建［M］. 北京：法律出版社，2018：29.

1. 党建统领

2018年3月7日，习近平总书记参加十三届全国人大一次会议广东代表团审议时强调，"把基层治理同基层党建结合起来"，这是对党建引领基层治理的根本遵循。在当前的数字基层治理活动中，党建统领正是通过党的统一领导作用，将党的领导贯穿数字化基层治理的各个方面、各个环节，发挥基层党组织的核心堡垒作用和党员的先锋模范作用，是实现人民参与、数字便民的前提。《中共中央 国务院关于加强基层治理体系和治理能力现代化建设的意见》也进一步明确提出，完善党全面领导基层治理制度，结合数字政府建设的相关指导意见，数字基层治理工作中的党建工作可以更好地发挥统领作用。[①]

（1）通过数字化的应用加强党的基层组织建设，健全基层治理中党的领导体制。正是因为抓基层、打基础是党建统领的长远之计和固本之举，所以只有把基层党组织建设打造为领导基层治理的坚强战斗堡垒，才能使党建引领基层治理的作用得到充分强化和巩固。要加强乡镇（街道）、村（社区）党组织对基层各类组织、机构及各项工作的统一领导，需要通过数字化应用提升组织力，从而坚定基层治理中党的领导，确保涉及基层治理的重要事项和重大问题都须由党组织研究讨论后按程序决定。数字化的应用能够创新党组织设置和活动方式，不断扩大党的组织覆盖和工作覆盖范围，持续有效地整顿软弱涣散的基层组织状况。同时，通过推动全面从严治党向基层延伸，运用数字化技术手段助力日常监督，为持续整治群众身边的不正之风和腐败问题创造了有利条件。

（2）通过数字基层治理，能够进一步促使乡镇（街道）管理体制简化。例如，深化基层组织机构改革，就需要统筹基层党政机构设置、职

---

① 编写组.新时代基层党组织工作法规实用一本通［M］.北京：中共党史出版社，2023：3.

能配置和编制资源各方面情况，而我国政府运用数字技术开展信息化相关工作由来已久，贯穿了政府信息化建设的各个阶段和环节，在提升行政效率、推动治理模式变革等方面发挥了积极作用，下一步需要结合党的基层机构改革，不断运用数字化支撑基层治理，充分发挥党在政治、思想和组织上的引领作用。

（3）数字基层治理有助于完善党建引领的社会参与制度。数字技术的应用，可以更好地坚持党建带群建，履行好组织、宣传、动员、服务群众等职责，并高效统筹基层党组织和群团组织资源配置，进而支持群团组织承担公共服务职能。利用数字技术搭建互联网化的党建综合管理平台，将有效促进机关企事业单位与乡镇（街道）、村（社区）党组织之间的共建联建活动，推动党员、干部下沉基层，积极参与服务群众的工作。

2. 群众参与

党的十九大报告指出："我们党来自人民、植根人民、服务人民，一旦脱离群众，就会失去生命力。"进行基层治理，其生命力就来源于党的群众路线，将人民群众作为基层治理的主体力量。因此，"以人为本"的数字基层治理的核心内容就是要发动广大群众参与，相信群众并依靠群众的力量构建基层治理格局。虽然数字基层治理的外在表现形式是数字技术代表的科技力量，但坚持发展"以人为本"的数字基层治理，就是要通过科技力量不断塑造和培育基层社会治理的内生动能，真正意义上让"以人为本"源于人民群众，从而确保人民群众成为基层社会治理的主体力量。

（1）推动群众参与由被动到主动。基层治理主要属于群众自治的范围，而基层群众自治的参与度、热情度不高是突出问题。在一些基层社区，居民往往是被动的动员式参与。一个主要原因是许多人认为"事不关己，高高挂起"，这也导致了基层治理在一定程度上陷入一种"空转"的状态。因此，通过数字基层治理、搭建信息终端交流平台等手段，能够引导居民参与自己关心的事务，同时这种自主式参与也能够切实有效地进行自我管理、自我监督。

（2）推动群众参与从现实到网络。借助计算机和网络技术来搭建群众参与的方式与途径。在网络化信息化时代，群众可以跨越时间和空间的限制，通过计算机系统和手机终端，对辖区工作流程、日常信息、重要事务等进行查询、反馈与监督，还能够对所关心的事情或活动表达诉求、参与表态。相较于现实中基层治理的群众参与，网络参与能够节约群众的人力、财力和物力，并且其参与的形式更加灵活多样。特别是在一些正式的议事、投票活动中，很好地保障了程序民主的实现。

（3）推动群众参与从片面到全面。在传统观念里，人们对基层治理和群众参与的关注点在基层选举上，这也成为大家茶余饭后的家常话题。然而从整体和长远上看，基层治理还包括民主决策、民主监督、公共服务、社会救助等诸多内容，而这也是实现基层社会善治的重要条件。通过数字基层治理，可以发挥网络政治的优势，设立民主决策会议管理系统，开发会议通知、记录会议内容、远程投票表决等功能，实现基层民主决策全过程信息化控制，这既是民心所向，又能拉近干群之间的关系。此外，群众还可通过手机、网络将自己的看法发送给基层管理部门和负责人，以利于第一时间反馈与沟通，同时还能不断强化基层治理各主体作用的发挥，实现协同治理的目标。

3. 数字便民

数字便民，就是坚持以分类指导、分层推进、分步实施为原则，坚持以共建共治共享为目标，通过制定数字化服务平台标准和规范，[①]打造

---

① 朱伟婧. 基层治理数字化及其实现路径研究［J］. 三晋基层治理，2022（5）：31-34.

统一、精准、综合、上下联通的数字基层治理平台。

一方面，建设政府内部一体化数字协同平台，制定统一、标准化且可对接的数字化平台，推动跨部门协同与合作，促进资源的互联互通、实时监测和数据共享，进一步实现涵盖"省、市、县、乡、村"五级服务覆盖的跨部门、跨层级、跨区域的政务系统。在数据共享方面，整合权力和政务数据，明确上级部门及其下属部门的职责和权限，制定本地区适宜的治理模式；在数据采集方面，坚持以数据一次采集、多方利用为准则，完善基层地理信息等基础数据，完善数据资源目录库和责任清单制度，探索建立全国性的政务信息整合系统；在数据使用方面，依据不同部门职能划分，限定数据使用范围，明确包括交通、卫生、医疗、教育、治安、气象等内容的数字信息，相应部门按需获取政务数据。

另一方面，通过数字化流程来提高基层智慧化治理与服务效能。数字化基层治理并非简单地运用网络和互联网技术治理，而是将数字技术全面嵌入基层治理的各个环节，其中流程数字化是重点。要利用数字化和互联网思维，重塑和优化基层治理流程，列清事项清单、办事标准和统一流程，简化基层行政审批服务流程，提升便捷高效服务。如推行"一网通办""异地可办"等一站式办理、一窗式受理模式。"网格化管理"是数字化的常用模式，体现了基层治理组织精准化的特点。依托网格平台，将城镇管理、社会治理、公共服务、应急管理四大类事项以信息的形式纳入相应网格，开展工作协同和资源共享，形成分工负责、向下联动的工作格局，推动政府横向与纵向的互联互通。此外，针对各类特殊人群特点，可通过数字化便民手段满足其实际需求，如针对视障、听障人群开发的专用 App 和操作系统。

（二）网络协同的呈现形式

构筑起"互联网＋政务服务"的网络协同效应。网络协同就是利用互联网技术，实现多角色大规模实时在线、互动和协作。通过媒体化、社交化、社群化（会员体系）等立体运营方式增强用户和商家之间的交互与联系。这种增强的互动直接促进了平台上商家和广告主数量的增长，同时商品数据量也增加。累积的海量数据为平台提供了强大的数据支持，使得平台能够运用先进的数据分析技术，为用户提供更加个性化、精准的服务体验。构建网络协同有三个关键点：网络化、在线化和交互化。平台作为互联网产品体验的重要载体，其内核是一个多角色自组织协作的生态环境，网站和 App 只是提供服务的入口，涵盖了包括水电燃气缴费、医院挂号缴费、交通违章缴费、社保缴费、刷码乘公交等高频服务类别。政务服务端是指为办事民众和企业提供服务的众多入口，包括线下的办事大厅、线上的政务服务网和 App，以及微信、支付宝和企业网上办公平台等其他 App。

具体来说，一是通过引入网站开发者等办事服务中介来服务政府部门网站。将全国的政府服务平台定位为"政务的网络平台"，平台中的"客户"是各部委部门和各省级（及以下）政府部门的工作人员，各部门就像是入驻平台电商的"旗舰店"，"店"里的"商品"就是要办理的事项。二是借助用户 ID，通过提供精准服务，达到千人千面的效果。用户的 ID 体系是基石，构建政务服务的 one - ID 体系至关重要，其打通与否将直接关系到用户在不同平台上服务信息的汇聚和服务的提供。即使同一个用户在不同政务平台可能拥有不同的 ID，但通过统一的身份认证工具，可以实时实现同一个用户在不同平台上的不同 ID 的互相映射，确保用户能够享受到"一次登录、全国漫游"的便捷体验。三是通过 App 应用，打造服务的"多入口"。除了自身平台，政府部门还可以借助其他互联网平台，快速将新群体"导流"至"互联网＋政务服务"平台。部分政府部门已经通过微博、微信、支付宝、钉钉等 App，建立了从政府服务平台到众多 App（"外场"）的"社会业务协同"网络。在此基础上，他们根据新的需求，不断优化政务平台的"服务供给"，进而促进内部"业务协同"的提升。四是通过数据中台融合多源数据，拓展服务方式。数据中台与不同部委、地方的网站和数据库进行数据交换，其中涉及不同角色系统之间的对接标准，这直接关乎数据内部流通效率、能否实现实时在线以及精准的用户体验。五是通过线上数据流转结果反哺线下政务服务流程优化，实现一体化一致性服务。通过各类数据的流通、汇集和线上的大数据分析，优化线下政务服务，再进一步反哺线上流程，真正实现党中央和国务院对政务服务提出的要求："政务服务流程不断优化，全过程留痕、全流程监管，政务服务数据资源有效汇聚、充分共享，大数据服务能力显著增强"[①]。六是构筑多维度的互联网安全保障体系。依托 AI 大数据分析与建模，采用可疑人群关联圈定、页面内容关键词及算法检测、疑似数据审核校验等手段，强化 AI 大数据安全态势感知能力，让用户实时了解云上业务系统的安全性能及安全隐患，通过系统自动报警机制，促进用户及时修复或升级安全防御等级，避免用户应用层安全风险影响扩大化。除此外，微信、支付宝是一种功能化的轻应用，即点即用。对用户而言，它体验更流畅，可以快速响应场景化需求。像小程序的刷脸技术，老百姓可在手机上证明是本人办理，不用再携带一堆资料跑到办事大厅办理，实现了和老百姓的有效联结。

（三）理念认知上的缺位

基层治理数字化面临的首要挑战是需要在理念认知上作出改变，以适应数字技术在当前工作中的潜在价值。然而，不少干部错误地认为，数

[①] 参见《国务院关于加快推进全国一体化 在线政务服务平台建设的指导意见》（2018 年 7 月 25 日）。

字化转型无非就是办公网络化，做好"一站式""最多跑一次"等服务改革，单纯地为民众提供便捷服务就是治理升级。[①]在实际工作中，一些基层干部认为，只要用好各类信息平台来实现会议、汇报的网络化，设立诸如大数据发展管理局、政务服务数据管理局和大数据统筹局等机构，就意味着管理方式实现了转型，并且一旦谈到数字化就想当然地认为是"互联网＋政务服务"。在基层工作中，各类网络软件的使用并未使基层人员感到轻松便捷，反而在一定程度上徒增新的负担。互联网的普及仅仅是数字技术应用的初步阶段，这与真正的治理数字化之间存在差异，更无法引领思想认知与体制机制的深层次变革。真正的数字基层治理，应从理念上理解为，打破时空的限制，推动信息的流转与汇集，实现管理内容横向与纵向的推进与交叉，不仅为基层治理减负增效、支撑管理决策，还使得民众深切感受到服务的精准与便捷。

具体来说，一方面，对赋能的理解有限，"重建设、轻运营"凸显。近年来各地政府加大了对各类网络工具的关注和投入力度，积极开展数据中心的大规模基础设施建设，以推动数字化转型。然而，基层政府在数字化推进过程中耗费了大量资金，一些管理者认为数字化转型就是通过人才和资金的注入来大力建设信息化设施，建立数字化信息平台，却往往忽略了如何对相关数字化资源的创新使用，在已开展的数字化建设中较少考虑如何运营以产生效能。各部门分散管理、各自为政的"九龙治水"现象仍然存在，各类数据重复采集、难以共享等问题突出。特别是在基层社区层面，社会工作者对数字化转型知之甚少，不知如何通过数字化为工作赋能，群众无法直接感受到技术平台带来的便捷服务。因此，只有破除"数

---

① 韩沙.基层治理数字化转型的迫切性、挑战性与突破点［J］.领导科学，2021（12）：28-31.

据烟囱"现象，才能实现有价值的变革。另一方面，对共治的认知不足。在推进基层治理数字化转型的过程中，尽管政府作为自上而下的推动力量起到了关键作用，但基层人员对"共治共享"理念的认知尚显不足。数字化转型不仅仅是政府单方面的事务，而是需要政府、企业、社会组织及公众等多方社会治理主体共同参与、协同努力的公共工程。然而，当前的数字政府建设与智慧城市建设在很大程度上依赖于政府专项资金的投入，这在一定程度上限制了企业主体市场力量和各类机构社会力量的充分参与。这导致社会公众对于此类工作的参与感和表达机会相对较少，进而使得数字技术的应用与社会实际需求之间存在一定的脱节。为了改变这一局面，增强基层人员对"共治共享"理念的认知，使更多的社会力量参与其中，精准实时把握需求、找准难点切口，是基层数字化转型深入推进的关键。此外，对转型的认知有偏差。基层治理的数字化转型初衷在于利用先进数字技术，优化资源配置，提升治理效能，从而更高效、精准地解决基层面临的复杂问题与挑战。然而，在实践中，尽管数字技术为基层治理带来了诸多便利与效率提升，但同时也伴随着一系列新挑战，如数字鸿沟的扩大、数据安全与隐私保护问题，频繁的信息填报与多系统间的数据对接，往往给基层工作人员增加了额外的工作，带来了新的工作压力与负担。如何依托数字技术提升治理效能，减轻基层负担，值得深思。

此外，大量线上系统的引入虽然旨在实现信息的高效流转与共享，但在实际操作中，频繁的信息填报与多系统间的数据对接，往往给基层工作人员增加了额外的工作负担，可能导致工作效率不升反降，甚至影响服务质量与群众满意度。

二、技术与治理在数字基层治理过程中的融合

（一）典型数字技术在基层治理的应用情况

如今，在基层治理数字化转型过程中，如互联网、物联网、云计算、大数据、人工智能等数字技术普遍应用于智慧社区、数字化社区等建设实践。可以发现，每项技术通常不是单独运用，技术间融合应用的特征极为显著。简单来讲，比如互联网为各类数字技术应用提供基础的联结支撑，而人工智能和大数据分析在决策辅助方面常常相辅相成。基于此，本部分对每项典型数字技术进行逐一梳理。

1. 互联网

互联网为行政管理主体及有关要素搭建连接平台，已成为政府开展日常管理工作、提供对外服务、实现政务公开的基础性工具。由此，根据服务对象的差异性，互联网的应用场景可分为对内和对外两类。对内，提升政府日常办公效率，加强信息流转共享；对外，链接外部系统、提供便民服务。自中央提出"放管服"改革和"互联网＋"行动以来，有序部署推动了"互联网＋政务服务"和"互联网＋监管"的开展。"互联网＋政务服务"依托互联网技术，推进部门间数据共享和流程优化，通过打造政务服务的"一网通办""一网统管"，实现为民服务的"最多跑一次"，推动群众服务便利度提升和企业营商环境优化。目前，我国已建成国家电子政务内网，实现了31个省（自治区、直辖市）和新疆生产建设兵团、122个中央国家机关的互联互通；国家电子政务外网实现了四级骨干网络

100%覆盖。①据工业和信息化部信息显示，截至 2023 年 9 月底，中国 5G 基站总数达 318.9 万个，覆盖所有地级市、县级市城区。5G 行业应用已融入 67 个国民经济大类，应用案例数超 9.4 万个。移动互联网则是在传统互联网基础上发展而来的，它将移动通信终端与互联网相链接形成一体，用户通过使用手机、PAD 或其他无线终端设备，依托移动网络的速率，可在外出时随时、随地访问 Internet 以获取信息等各种网络服务，具有交互性、便携性、定位性、娱乐性、强关联性、身份统一性等突出特点。其中，在移动互联时代，网页浏览、文件下载、位置服务、信息填报和业务办理等已成为主流应用，已广泛渗透进人们生活的各个方面及工作领域。微信、支付宝等移动支付与社交工具，以及多样化的便民服务应用，已被民众广泛接纳，深刻重塑着信息时代人民群众的社会生活面貌与个人行为习惯。

2. 物联网

智能物联网（AIoT）兴起于 2018 年，是指通过系统性的方式让各种信息传感器实时采集各类信息（一般是在监控、互动、连接情境之下），并在终端设备、边缘域或云中心借助机器学习，进而对数据进行智能化分析，包括定位、比对、预测、调度等方面。智能物联网作为人工智能技术与物联网技术的融合应用，在技术层面，人工智能赋予物联网以感知与识别能力，而物联网则为人工智能提供用于训练算法的基础数据；在类型方面，主要包含具备感知与交互能力的智能联网设备、用于机器学习设备资产管理的系统、联网设备与具备 AI 能力的系统解决方案三大类；在协同方面，主要是为了解决感知智能化、分析智能化及控制和执行智能化等主要问题。从应用角度看，预计 2025 年我国物联网连接数近 200 亿

---

① 参见《"十四五"推进国家政务信息化规划》。

个，万物唤醒、海量连接将持续推动各行各业走上智能化道路。从 2019 年起，得益于城市端智能物联网业务的规模化落地及边缘计算的普及，我国智能物联网市场规模突破 3000 亿元大关并直逼 4000 亿元量级，未来几年将处于相对稳定的发展态势，随着产品优化、渠道打通、商业模式验证，将迎来高速增长。用户触达能力和内容服务生态聚合能力将成为最重要的资源，是智能物联网时代场景服务的核心。物联网作为新型应用创新的主要领域，2023 世界物联网大会数据显示，2023 年中国物联网连接数超过 23 亿，同比增长 30%，成为全球主要经济体中率先实现"物超人"的国家，预计到 2030 年全球物联网连接数或将超过 800 亿。[①]

3. 云计算

云计算（Cloud Computing）作为一种分布式计算形式，首先通过网络"云"把巨大的数据计算处理程序分解成无数个小程序，然后，再通过多部服务器组成的系统对这些小程序进行处理和分析，并将结果反馈给用户。在早期，云计算就是简单的分布式计算，用于解决任务分发以及合并计算结果，因而也被称作网络计算。这项技术能够在很短的时间内（通常是几秒钟）完成对数以万计数据的处理，具有强大的网络服务功能。现阶段，我们所说的云服务已不再是一种简单的分布式计算，而是将分布式计算、效用计算、负载均衡、并行计算、网络存储、热备份冗杂和虚拟化等这些计算机技术混合演进并集合跃升的结果。云计算的优势在于其高灵活性、可扩展性和高性价比等特性，与传统网络应用相比，呈现出虚拟化平台技术（突破时空界限完成数据备份、迁移和扩展等）、动态可扩展性（增加云计算功能使得计算功能迅速提升以达到动态扩展虚拟化

---

① 通信信息.《2024 中国物联网创新白皮书》发布　创新应用需持续规范引导［EB/OL］.［2023-12-06］.https：//www.163.com/dy/article/IL9KTVBI0511A632.html.

的层次）、按需部署（根据用户的需求快速配备计算能力及资源）、灵活性高（虚拟化要素可统一兼容放在云系统资源虚拟池中进行管理）、可靠性高（单点服务器出现故障时可以通过虚拟化技术和动态扩展功能将分布在不同物理服务器上的应用进行恢复或重新部署计算）、性价比高（可选择 PC 组成云将资源放在虚拟资源池统一管理）等显著特点。从服务类型来看，包含基础设施即服务（IaaS）、平台即服务（PaaS）和软件即服务（SaaS）3 种云计算服务，也叫作彼此互构的云计算堆栈。从中国信息通信研究院发布的《云计算白皮书（2023 年）》了解到，2022 年我国云计算市场规模达 4550 亿元，较 2021 年增长 40.91%。相比于全球 19% 的增速，预计到 2025 年我国云计算整体市场规模将超万亿元。[①]

4. 大数据

大数据（Big Data）是互联网发展至今的一种呈现，它是以云计算为代表的技术创新作为背景的巨量资料，包含了结构化、半结构化和非结构化数据，而非结构化数据是大数据的主要构成部分。这与《大数据时代》一书的描述一致，大数据所涉及的资料量规模极为庞大，以致无法借助主流软件工具，并在有效时间内通过撷取、管理、处理、整理转化为特定组织机构决策参考的信息。IBM（国际商业机器公司）指出，大数据具有 5V 特点，即 Volume（大量）、Velocity（高速）、Variety（多样）、Value（低价值密度）、Veracity（真实性）。大数据技术是大数据价值的核心体现与关键手段，是一种专注于数据管理与分析的前沿应用技术。对政府而言，面对日益复杂的多源异构数据环境及超大规模数据集，大数据技术通过高效的收集、集成、挖掘与共享流程，能够有力支持趋势研判、

---

① 中国信通院：预计 2025 年我国云计算整体市场规模将超万亿元［EB/OL］.（2023-07-25）［2024-02-03］.https://www.360kuai.com/pc/9f2170bf331e75310?cota=3&kuai_so=1&sign=360_57c3bbd1&refer_scene=so_1.

主题挖掘、舆情监测及风险预警等工作，显著提升政府在复杂环境场景下的治理效能与应急响应能力。中国信息通信研究院在 2023 年 1 月第五届数据资产管理大会上发布的《大数据白皮书（2022）》显示，我国大数据技术的发展与应用态势持续巩固，数据存储与计算、数据管理、数据流通、数据应用及数据安全等五大核心领域在政策引导、技术创新、产业升级与应用拓展的共同推动下，正积极探索并开辟出数据价值最大化与释放的新路径。例如，截至 2023 年 9 月，数据汇聚与安全保障不断增强，已基本建成国家工业互联网大数据中心体系，持续推进工业互联网数据要素登记（确权）平台体系建设。同时，国家级工业互联网安全技术监测服务体系的不断完善，态势感知、风险预警和基础资源汇聚能力也相应得到进一步增强。① 大数据技术的发展离不开场景的应用，一是通过融合、分析海量多源数据，依据个体历史特性，提供个性化服务建议；二是依托"互联网＋监管"平台，广泛汇聚企业生产经营数据、互联网数据、信用系统数据等信息，实现精准化监管；三是针对大规模、突发性等复杂治理场景，融合多层级、多部门、多来源的数据，打造多元协同治理。

5. 人工智能

人工智能（Artificial Intelligence，AI）作为计算机科学的一个重要分支，是一门致力于研究、开发能够模拟、延伸与扩展人类智能的理论、方法、技术及应用系统的新兴技术科学。该技术不仅探索智能的本质，还力求创造出能够以类似人类智能的方式作出反应的智能系统，包括机器人、语言识别、图像识别、自然语言处理和专家系统等方面，涵盖不同的学科领域，如机器学习、计算机视觉等。从应用场景看，人工智能

---

① 第 52 次《中国互联网络发展状况统计报告》发布：我国网民规模达 10.79 亿人［EB/OL］.（2023–08–28）［2024–02–08］.https://www.360kuai.com/pc/9bc4f16fdd8697293?cota=3&kuai_so=1&sign=360_57c3bbd1&refer_scene=so_1.

对政府行政管理诸如智能决策、智能管理、智能服务、智能监督等工作有助力作用，例如通过"城市大脑"建设，构建整合智慧管理、智慧服务以及智慧共建等功能的智能中枢，能够最大限度优化政府、市场和社会的各项信息资源。一般认为，人工智能作用于政府管理时，按照管理流程环节可划分为前端、中端和后端。前端为智能感知、人机交互，包括智能客服、聊天机器人、智能热线等形式，能为用户提供身份认证、语音识别与转写、语音合成等服务，以此增进互动体验和服务感官。例如上海市推出的"一网通办"网页端智能客服"小申""政策体检""免申即享"服务等，可以帮助用户快速发现所需服务或政策。中端为自动流转分析，包括政务流程自动化等应用形式。政务工作人员可通过RPA机器人，实现对政务服务综合信息的自动抓取、整理和审批，避免二次重复录入，缩短办理时间，使得超过50%的政务业务流程可以实现部分或全部自动化。后端为辅助分析决策。例如，构建政务知识图谱，将大规模、碎片化的多源异构政务数据进行关联并智能挖掘分析内部关系，通过知识层面的数据融合与集成，提供主动化、个性化的知识服务。此外，还可借助深度学习和精准算法，为治理工作提供前瞻性的实施方案。对基层治理而言，目前依旧以弱人工智能应用为主，主要是对简单行政工作的功能性演绎，包括身份识别、智能客服、智能搜索、智能机器人等，而基于大数据和深度学习算法的辅助决策功能应用于监控舆情、风险治理等方面的还较少。尽管人工智能技术应用还处于起步阶段，但从《世界互联网发展报告2023》来看，人工智能、量子计算等新兴技术已进入发展快车道，生成式人工智能等新技术治理引发全球关注。①

除了以上所说的典型数字技术，还有区块链技术在营造可信环境，

---

① 中青在线.2023年互联网发展报告蓝皮书来了！生成式人工智能、量子计算等成热词[EB/OL].（2023-11-08）[2024-02-12].http：//news.cyol.com/gb/articles/2023-11/08/content_77yo-GXFeEN.html.

实现行政工作的穿透式监管和信任的逐级传递，赋能基层治理可信存证、数据共享、多方协作等多个应用场景，在促进数据共享、优化治理流程、降低运营成本、提升协同效率等方面提供了可信新途径；此外，当下热度高涨的元宇宙技术，虽尚未有统一的概念界定，但普遍认为是通过科技手段在共享的基础设施、标准及协议的支撑下，进行链接与创造，对现实物理世界进行映射与交互，建构出具备新型社会体系的数字生活空间，即虚拟世界，其本质上是对现实世界的虚拟化、数字化。总之，元宇宙技术与其他数字技术一样，循序渐进发展，最终各类工具、众多平台不断融合而成形。

（二）技术与治理实现有机融合的主要举措

1. 用数字基层治理思维推动基层治理模式创新

数字技术的迅猛发展深刻地改变了人类传统的生产与生活方式，对社会治理同样产生了巨大的影响，特别是在基层，数字化加快了数据要素的传播速度，以数据信息为基础打造了高效的治理与服务体系。数字化治理是当今数字时代发展的必由之路。我们应紧跟时代步伐，顺应数字化治理技术创新升级与迭代变化，不断培育数字化治理理念，促进基层治理的模式创新，带动数字化智能化水平提升。

2. 建设完善数字基层治理基础设施软硬件支撑

在建设和完善数字基层治理基础设施的过程中，我们需充分认识到我国基层治理数字化水平尚待提升，软硬件配套设施尚不完善的现状。为此，各地政府正积极推进数字化智慧化基础设施的全面落地，旨在通过优化资源配置，确保数字化技术在基层治理中的适配性。为实现这一目标，我们应从基层治理的实际需求出发，借助政务系统中"统"与"分"的合理构建，打造高效的数字化治理平台。平台化作为数字化治理的物理支撑，对于提升治理效能至关重要。然而，面对基层社会治理的复杂性和我国政务系统间因不同体系、业务部门分隔而导致的相互独立、数据共享难，难以推进数字基层治理的纵向升级等问题，我们需采取积极措施加以解决。具体而言，优化政务系统、加强跨部门合作、提高数字业务效率是数字基础设施建设的重要目标。同时，我们还需关注数字技术在基层治理机制中的应用需求，确保技术路径的可行性和有效性。鉴于数字技术特有的技术属性，传统基层治理机制在数字化转型过程中可能会遇到不适应的问题，因此我们需要进一步整合管理部门业务流程，从技术实际出发制订切实可行的实施方案。在此基础上，我们应以数字化改革为契机，推动服务型政府的变革，通过技术创新和机制创新，满足人民群众日益增长的多元化需求，提高政府服务的效率和质量。

3. 加快推动服务型政府步伐的网络平台建设

我国基层工作的核心是推进与群众利益密切相关的服务型政府建设，数字基层治理正是围绕提升服务质量、改善群众体验这一主线展开的。一方面，依托新媒体等社会化媒体构建便民服务平台，简化办事流程，全面推进网络政务服务，例如在地方政府的官方微博、公众号、短视频等新媒体平台上，建立与医保、养老、教育等基层工作密切相关的网络通道；另一方面，构建"线上＋线下"政务服务体系。以线上数字化处理为核心强化信息化服务能力，更好地满足居民需求和提高服务质量。与此同时，实施线上数字化监督反馈管理机制，促进政府服务行为的规范化与透明化。基层是凝民心聚民意的主阵地，通过数字化沟通反馈机制，不仅能够促进基层政府全面提升政务服务质量，还能有效回应基层群众的合理需求。例如，有些职能部门开通了社交媒体账号，收集人民群众在社交平台上反馈的意见，针对一些问题及不足之处，推动问题整改。

4.通过规范数字化治理行为保障数字治理效能提升

从近些年的数字化技术实践应用成效来看，数字化确实为基层社会治理赋予了更为强劲的发展动力。但是，越来越多的人也逐渐意识到了数字技术的"双刃剑"效应，其不规范应用也会引发新的风险，甚至可能出现降低基层政府信用、损害人民群众利益的情况。规范数字化治理行为就是要增强数字化自身的安全可信可控。如明确数据采集范围与权限，建立数据"防火墙"，同时要摒弃"唯数据论"，等等。

（三）数字技术的基层治理运用可能引发的问题

1.政务信息化项目审批滞后于技术快速更新迭代

国务院办公厅在2019年底出台的《国家政务信息化项目建设管理办法》，明确提出了关于精简政务信息化项目审批手续的重要举措，强调"对于已经纳入国家政务信息化建设规划的项目，可直接编报可行性研究报告"，旨在促进各部门更加聚焦紧迫需求，加速项目建设，实现技术的快速迭代。然而，实际情况是各地政务信息化项目的审批周期仍然较长，远远落后于数字技术快速迭代发展以及开发转化的实际需求。通常而言，政务信息化项目的审批流程类似于传统工程项目的立项审批，包括发改部门立项、财政部门预算审核、采购部门招标等多个环节，这一过程往往耗时较长，短则一年，长则更久，才能完成所有相关手续。这种情况下，随着技术的快速发展，项目很容易陷入"完成即落后"的困境。为摆脱这一困境，国务院在2023年出台的《关于加强数字政府建设的指导意见》，进一步强调了加快变革信息化项目立项审批流程的重要性。该文件要求"健全完善政务信息化建设管理会商机制，推进建设管理模式创新，鼓励有条件的地方探索建立综合论证、联合审批、绿色通道等项目建设管理新模式",以期显著缩短数字化项目的审批周期,从而成为推动数字基层治理深入发展的关键一环。

2. 数字化建设运营合作模式及治理机制亟须完善

随着智慧城市、数字政府等标杆性建设项目进程加快,在政府主导下的项目招标采购正逐步向企业委托运营的模式转变,政企合作在政府信息化、数字化、智能化项目中发挥着越来越大的作用。然而,从目前公开的文件来看,规范企业参与政府数字化建设与经营的规章制度较少,这可能引发治理风险。比如,各地政府对数字技术的需求越来越大,但缺乏相应的技术监管能力,对于企业是否安全运营,是否随意使用数据或数据泄露,缺乏有效的监管手段,致使近年来政务云数据泄露、应用系统崩溃等情况时有发生。并且,随着政务服务流程优化、定制化个性化需求不断提高,政府与企业间信息不对称、供需信息不明晰等状况,增加了数字化平台共享融通难度。同时,鉴于各地数字化转型对外包企业运营的依赖性持续增强,企业间技术与服务兼容等互联互通问题的解决也亟须提上日程,数据供给和流动不充分,政务数据治理已进入"深水区"。例如,在央地协同方面,仍有部分国务院部门垂直业务管理系统提供的办事服务未与地方政务服务平台有效对接,一定程度上影响了线上服务的一体化;一个省份内不同层级、不同地市选用不同的云服务提供商,云之间的联通成为难题。这些问题不仅阻碍了数据的自由流动,还限制了数据价值的充分释放。除了数据共享问题,技术壁垒、运营成本、安全隐患等政府推进数字化进程中遇到的新挑战,需要有一套成熟的体系与机制评价技术先不先进、成本节不节约、安全可不可靠,亟待创新数据治理制度,如数据确权、数据交易、数据资产化管理等诸多方面,以及如何建构数据流动安全有序环境等议题。

3.数字政府建设中存在数据安全和数字鸿沟的扩大风险

一方面，随着网络环境的不断开放，数据安全问题越发严峻。例如，2020年新冠疫情暴发期间，多地健康宝遭受境外网络IP恶意攻击的情况就十分典型，并且有些地区的健康宝因数据载荷过大出现宕机、系统崩溃等现象，引发了公众的强烈不满。特别是大数据技术推动了云平台和场景化建设，海纳了众多繁杂数据信息的云平台越发成为网络攻击的重点区域。因而，面对自然灾害、突发事件等风险情境时，如何在推进数字设施和数字系统稳定运行的同时，增强应对风险冲击的韧性能力也是数字安全领域的关注要点。另一方面，数字技术的应用初衷在于提升公共服务质量和深化社会活动等方面。然而，大规模的互联网政务线上服务，可能会导致线上服务与线下服务的不对等，线下服务跟不上线上服务的供给效率。此外，通过对网络上社情民意的大数据分析与研判，客观上会忽略部分有数字化应用障碍的老年人和残障群体。另外，不同地区、不同层级、不同政府间的数字化转型水平以及社会治理能力的差异性，同样也是数字鸿沟的一个重要表现。

三、法治化在数字基层治理中的应有之义

（一）法治建设在社会治理中的地位与作用

自古以来，法治化一直是东西方文明追寻的社会状态，只是在不同的历史发展阶段，由于国体政体的差异和服务对象的不同，每个国家对于法治的理解与实践也各不相同。单从法治的概念来看，可从两方面加以理解。一方面是形式法治，这是对法律形式的要求，即"有法可依、有法必

依、执法必严、违法必究";另一方面则是实质法治,体现了法治的实质意义,也指明了社会治理的合法性,就是要在国家治理过程中遵循法治的理念与原则,自觉按照"硬法"的要求和"软法"的约束,制定并执行良好的法律。可见,完善法律体系、贯彻法治理念,法治化建设在社会治理与社会生活中占据重要地位,发挥着关键作用。

在我国,社会治理法治化建设由中国共产党领导并加以推进,这从根本上保障了国家法治进程的发展方向精准沿着中国特色社会主义法治道路迈进,并且是从全国人民群众的根本利益出发的。党的十八大首次提出社会治理工作现代化这一重大命题,法治建设也由此被置于社会治理工作现代化架构下进行规划与推动。2020年11月,在中央全面依法治国工作会议上,首次明确了习近平法治思想在全面依法治国中的指导地位。习近平总书记强调,法治是国家治理体系和治理能力的重要依托。这表明,只有坚定不移地走中国特色社会主义法治道路,只有在法治轨道上推进国家治理体系和治理能力现代化,才能有效实现数字基层治理实践的系统性、规范性以及高效能。

1. 法治化建设是保障,具有基础性地位

从人类社会发展的历史进程来看,无论是西方国家还是我国,皆历经了从"人治"迈向"法治",从而推动人类社会向现代化演进的过程,通过不断摆脱"人的治理"来寻求国家治理的稳定性、公共性、社会接受性、可预期性以及对权力的有效约束等。诚如所言,社会治理这一动态行为过程,几乎所有国家在社会事务管理等方面都共同指向了依靠"法治"来施行的前进方向。在中国语境下,法治是社会治理的基本方式,社会治理实质上就是治国理政,而治国理政就是以"法治"的方式进行国家治理。

党的十八大明确将"全面推进依法治国"确立为治国理政的基本方略，并提出"建设法治中国"的目标，进一步表明法治水平是衡量国家治理体系和治理能力现代化程度的重要标志。自新中国成立以来，在中国共产党的坚强领导下，特别是改革开放40多年来，全国经济社会发展迅猛，取得了一系列的伟大成就，经济社会的各个部门、各个领域、各个行业逐步呈现出现代化的要素和特征。然而，我国社会治理工作的实际情况与现代化的趋势相比，仍有较大的提升空间。比如，一些部门和领域的社会治理能力与经济社会发展的现代化要求相差较远，实现治理效能提升的目标难以达到。从这些年深化改革的成效来看，推动社会治理工作水平的提升，适应了新时代中国经济社会发展的需要。在此过程中，法治工作作为深化改革的重要内容，法治水平成为衡量国家治理能力的重要标准。有鉴于此，法治是现代化的先决条件和应然要素，现代化国家首先必须是法治化国家，即一切运用法治方式实施社会治理工作，最终实现现代化国家的治理目标。

综上可以发现，法治化建设是实现现代化国家治理目标的重要手段，也是推进社会治理数字化的核心要义。数字化是现代化的鲜明标志，我们将社会治理数字化工作统归于国家治理范畴，与整个国家的现代化愿景相一致，与数字化对社会治理工作对象的现代化要求相符合。我国的社会治理工作走向现代化，须依托以数字技术为代表的第四次科技革命的创新成果，并通过对数字技术的挖掘应用，为社会治理赋能增效，进一步推动我国经济社会的发展，增强人民群众的获得感、幸福感、安全感。鉴于法治在社会治理工作中的基础性地位，法治化建设是新时代的必然选择，是推进社会治理体系和治理能力现代化的重要路径，主要表现在三个方面。一是通过法治化建设，能够为社会治理提供法治保障；二是现代社会系统复杂多变，法治化将支撑经济社会平稳运行，确保政府对经济社会活动的有效引导和调控；三是从理论层面上看，法治本就是现代化治理理论不可或缺的一部分，数字治理、技术治理等新理论、新形态存在各种衍生风险和伦理挑战。因此，在实现社会治理工作，特别是基层治理现代化过程中，法治化建设应被置于首要位置。

2. 法治化建设是引擎，发挥驱动指引作用

法治化建设在中国国家治理情境下具有基础性地位，是社会治理工作的基础保障，在社会治理工作中发挥诸多的现实作用，体现出重要且深远的意义。

一是引领作用。顾名思义，法治化建设引领着我国社会治理工作的前进方向。与其他国家的社会发展历程相同，社会治理工作作为一个动态的行为过程，在不同时期对于方向性的抉择至关重要。例如，选择"人治"还是选择"法治"作为社会治理工作的方向，代表着社会发展的文明程度。从近现代来看，"法治"越来越受到世界各国的推崇和认可，各国政府也深刻认识到了"法治"相较于"人治"的巨大优势。在我国，法治是社会治理工作的基本保障，法治建设则是推动社会治理工作现代化的根本途径。法治不仅引导着全社会的组织机构及公民个人依法开展活动，其有效实施还为社会发展提供了明确的方向指引，确保了社会的稳定性与可持续性发展。

二是规范作用。中华文化历经上下五千年，从传统农业社会迈向现代工业社会，又从工业社会向数字社会挺进，尤其是改革开放后的40余年，由计划经济转轨进入市场经济，社会结构发生了根本性的变化，在这期间难免出现利益分化与社会矛盾冲突的现象，新旧规范体系的碰撞也导致了社会秩序问题的出现。对此，我国的社会治理工作面临着严峻的挑战。所以，如何从根本上消除这些问题，构建一个规范化的现代社会，法治化建设则是关键，即建立一套系统完备、规范高效的制度体系，有助于中国社会治理工作平稳良好运行。

三是保障作用。从制度建构层面来说，社会治理工作需要通过一定的法律形式上升为国家意志，成为推进国家治理的核心理念和战略愿景。社会治理工作所开展的具体活动，依靠法治方式和手段得以施行；社会治理工作所制定的体制机制流程，依靠法治化建设予以修正、补齐。社会治理工作的推进与完善，依靠各方面的建设与推动，其中法治建设最为关键。这是因为在现代社会中，将法治作为基本的价值追求与行为准则，贯穿经济社会领域的运行以及对国家治理的方方面面。法治建设是其他领域建设的前提和保障，也就是说，法治建设能够带动其他领域建设。例如，构建更加完善的法治体系，确保社会治理行为有法可依；完善行政执法体系，持续强化综合执法能力，全面保障社会治理现代化落到实处。

（二）法治化在数字基层治理中的进展

从近些年社会治理工作实际情况来看，法治化不断贯穿社会治理的全过程和各个方面，持续将法治宣传教育与法治实践同步推进，全民普法和全民守法已成为基层治理法治化进程中的一项长期性基础性工作，在法律化解矛盾纠纷、协调利益关系、维护社会秩序、推动社会发展中发挥着积极的作用。现今，我国的社会治理制度不断健全、依法治理不断强化，尤其是数字化信息化在法治社会治理工作中的作用越发凸显，基层在法治保障、治安综合治理等方面的能力得到了显著提升。

1. 基层社会治理制度进一步完善

在法治轨道上构建基层社会治理的底层框架，这是基层社会治理制度构建的关键所在。通过这一框架，旨在推动基层社会治理在制度层面上的数字化、信息化以及智能化融合发展。近年来，全国各地作出了许多有益的探索和尝试。例如，江苏省南京市在《南京市社会治理促进条例》中围绕促进市域社会治理，以市域社会治理领导体制为主线，聚焦社会矛盾的协同化解和多元化解，并结合相关实践成果，将"大数据＋网格化＋铁脚板"等成功经验上升为法规层面，切实推动市域社会治理现代化工作的法治化建设实施进程；湖南省郴州市桂东县以"一网治理"工程为抓手，以大数据信息平台为支撑，着力打造精细化的基层网格治理模式；陕西省商洛市镇安县建立"人盯人＋基层社会治理"的工作机制，以大数据平台为支撑，线上线下互动监测，建立以片区为基本单元的社会治理格局，构建智慧化社会治理体系，激活社会治理微细胞。除此之外，还有河北省石家庄市鹿泉区、甘肃省武威市古浪县富民村、四川省成都市蒲江县、山东省临沂市平邑县临涧镇、陕西省西咸新区空港新城等各地区以法治化推动"三治融合"、社区治理模式创新，从而提升为民服务质量，解决服务群众的"最后一百米"难题。

2. 依法治理水平进一步提升

中共中央印发的《法治社会建设实施纲要（2020—2025年）》明确提出了要加强和创新社会治理，指出要提升基层依法治理能力，促进政府、社会、居民之间的良性互动。至2021年，全国各地积极响应这一号召，基层法治社会建设持续加强，法治在城乡一体化发展中的重要性越发凸显。在这一进程中，各地采取了诸多行之有效的举措，取得了显著的成效。例如，广东省深圳市福田区区级群众诉求服务指挥中心除了统筹调度全区各类诉求服务，还在每个社区设立党群服务中心（群众诉求服务中心）提供精准公共服务，探索并推行"1块牌子＋2个窗口＋3个功能室＋N类人员"模式，打造"诉求服务在身边，矛盾化解在源头，问题处理在基层"的群众诉求服务新格局。在新冠疫情期间，浙江省依托"一中心、四平台、一网格"县域社会治理体系，以科技支撑全域构建网格"战疫防火墙"，构筑形成了"线上大数据支撑、线下网格化核实"模式。此外，广西壮族自治区钦州市推行"村'两委'＋自然村党支部＋乡贤会"的村级治理模式；安徽省黄山市推行以"一个工作点、九大行业载体、四级工作层面"工作体系制度，并制定了涵盖 5 个领域 118 项的"平安指数"制度，体现了基层治理工作的依法治理水平。

3. 数字化治理效能进一步释放

随着加强和创新基层社会治理方式的不断深入，从各地的积极探索实践中可以看出，当前运用物联网、云计算、互联网、大数据等数字化技术建设智慧城市、智慧社区已成为基层治理创新的必然选择，数字赋能基层治理与公共服务，已取得显著成效。例如，湖南省益阳市打造"网格＋微信群"，研发网络化协同管理 App——"网小格"，并将政务服务、诉求处理、政策宣传等纳入小程序服务范畴，以推行"网小格＋四红五民"联动机制，提升数字化智能水平与服务效能；福建省福州市仓山区探索平台化的网络共治模式，推出了"12348"公共法律服务中心、"云立案"、"云调解"等服务平台，利用大数据统筹整合群众需求热点以及社会纠纷解决，提供"一站式"法律服务；广东省深圳市坪山区构建"大数据＋网格化"云端管理平台，依托公安、民政等部门数据和社区人口库，推出"多码合一、一证通行"的坪山电子通行证，比如在疫情防控工作中筑牢防护网、实时管控感染风险人员等方面，有力地维护了人民群众的正常生活秩序；四川省南充市仪陇县通过整合县域内所有前端感知资源，构建智慧城乡治理体系格局，在治理中心大数据平台开通信息收集功能，汇集各类事件信息，推进了县域城乡治理的智能化、智慧化、现代化发展。

4.平安建设水平进一步提升

自党的十八大以来，党和国家高度重视平安中国建设，加强和创新社会治理对于推进国家治理体系和治理能力现代化以及建设更高水平的平安中国具有重要意义。广西壮族自治区百色市右江区积极打造"智能+"治理新模式，建设实体化综治中心、"微信+社区警务"小程序等数据平台，通过开展政策法规宣传教育增强民众的安全意识，同时推出"背包警务"，将警务工作延伸到群众家门口，从源头上筑牢安全基础网；柳州市柳江区打造了以"智慧小区"为代表的"平安家园"立体化治安防控系统，实现从"乱"到"治"的提升。海南省万宁市搭建"警保联控"岗亭，以"3个片区、29个派出所"进行分片联防，与此同时，推进"智慧安防校区建设"，制定"一村一警务助理"机制，构筑起"平安前哨"。安徽省合肥市高新区推动智慧安防建设，以联动联建等形式鼓励高新技术企业积极参与社会防控，推动智慧平安小区系统与公安大数据系统连接，保障群众"智慧平安"一路到家。湖南省永州市双牌县注重坚持警务联动一盘棋、治安防控一张网，强化基层治理能力。山西省长治市沁源县建设了智能化警务服务站，创新"警务助理制度"，聚焦基层治安管理、防范和服务，提高预知预警预防能力。

（三）数字基层治理中的法治化局限

党的十九大报告正式提出了"智慧社会"这一全新理念，它是推进国家治理体系和治理能力现代化的重要驱动力，这不仅是智慧化、信息技术上的选择，更是时代化、法治战略上的制度安排。因而，必须理性审视数字化、智能化背景下人类社会的交融叠加。以"智慧政务""智慧司法""智慧城市"为代表的智慧社会，正逐渐展现出"高度感知的社会，高度互联互通的社会，高度数字化且被精准计算的社会，高度透明的社会，以及高度智能化的社会"的显著特征①。这些特征在给基层社会治理带来深度变革的同时，也必然会引发深度的社会解组现象。因此数字基层治理的法治化建设面临着现实挑战与困境。

1. 制度设计与法律规范的滞后

在数字技术广泛嵌入社会治理领域背景下，当前社会治理的顶层制度设计和基础性法律规范制定存在一定的被动与滞后性问题。这是由于数字技术发展日新月异，并由此伴生出许多新形态、新特征乃至新问题，导致相应的制度法规在一个时期内缺位，令人有"头痛医头，脚痛医脚"之感且疲于应对。例如，随着互联网的快速发展，国家出台了应对网络空间乱象问题丛生、加强网络安全管理的《中华人民共和国网络安全法》，但如何进一步为其制定配套法律法规预留接口，弥合在数据确权、信息保护、数据交易等重要领域立法上的缺口，仍然悬而未决。各种新业态、新模式不断涌现，基层社会治理工作所要应对的居民信息保护、网店经营准入、消费者权益保护、行政执法管辖、电子证据收集等诸多方面，不仅对基层行政能力提出新要求，而且如何规范这种数字化基层治理模式，在立法上也是一个棘手的问题。再从更大范围来看，世界各国在 5G、芯片、人工智能等高科技领域竞争越发激烈，一些国家甚至采取制裁、脱钩、断链、去风险等极端手段，前沿科技创新领域相关方面立法的缺失甚至空白，难以应对与治理耦合叠加的数字技术在社会治理场域下滋生的伦理、道德、安全等重要问题和隐患，公众权益和社会安全可能受到侵害，这对传统的社会治理机制也是巨大冲击。

---

① 汪玉凯.智慧社会与国家治理现代化［J］.中共天津市委党校学报，2018，20（2）：62-65.

2. 多头管理的掣肘

在科层制下，传统的基层社会治理工作由县级政府及以下机构负责，辖区相关管理部门按职责进行相应的管理和执法。而在以数据为特征的数字化基层治理工作中，我国行政机关存在"九龙治水"多头管理的现象。就数字治理、网络管理来说，一是通信业管理部门。如工业和信息化部及对应的地方管理部门，主要承担管理网络通信，指导推进网络信息化建设等职责。二是安全保卫部门。公安部及对应的地方公安机关，主要承担网络犯罪预防、侦查和惩治，依法查处网络违法行为，保障网络安全、国家安全和社会治安等职责。三是宣传管理部门。各级网络安全和信息化领导小组办公室，主要承担创新改进网络宣传等职责。四是各领域相对应的主管部门等近20个行政执法机关，承担各自相对应领域的数字化规范与治理工作。看似齐整完备的数字化管理体系和制度安排，却在实践中发现，众多政执法部门林立、分段执法、协调配合不足，各自所属的信息化系统无法兼容，数据融通共享较难打通，特别是在处理一些网络安全、数字化事件时，由于各涉及部门的专业性、技术性及复杂性等特性，加之职权不清、权责模糊，致使在基层出现的一些问题执法难度加大，对执法方式和人员数字素养提出了新的要求。

3. 治理边界的模糊

正是由于数字技术的无边界、超地域、联通化等典型特点，导致了管辖界区的模糊，带来的后果是在数字化社会治理司法管辖方面出现了"模糊地带"。在基层的街道、社区，民众所认知的经济犯罪、刑事案件通常是传统意义上在某一时间某一地点实际发生的，能够依照属地、属人、普遍管辖等管辖原则理论进行司法管辖。然而，在数字时代，尤其是网络社会中滋生的网络犯罪、高技术犯罪，以及如电信诈骗这类国际化的跨国网络犯罪，对国内司法管辖是个全新的挑战，同时也给国际司法管辖与合作提出了全新命题。面对网络社会治理挑战，协助取证难、收集证据难、提取运用证据难、司法裁判执行难、资金追缴返回难等在现实中不难解决的问题又变得棘手起来。如今数字化呈现的隐蔽性强、危害性大、犯罪形式多样化等新特点，对公安机关、检察机关、审判机关在司法资源配置上提出了更高要求，比如怎样设置数字司法机构，配备专门力量及专业人员。同时，在司法程序上，数字社会、网络社区与现实中的法律模式和行为规范在假定条件、行为模式、法律后果等方面存在差异，给相应的民事违法行为、行政违法行为以及刑事犯罪行为的认定、裁断、处理和执行带来诸多困难，民事、行政、刑事实体法与相匹配的程序法对数字民事合同纠纷、侵权行为、行政违法、刑事犯罪等都尚未制定专门的法律或者专章规定，而是散见于各自的实体法或程序法中。司法上出现的新难题，也由此说明，数字化下的基层社会治理法治化体系亟须系统构建。

四、数字化助力建构基层社会治理共同体

党的十九届四中全会有关"坚持和完善共建共治共享的社会治理制度，保持社会稳定、维护国家安全""建设人人有责、人人尽责、人人享有的社会治理共同体"的重要论述进一步明确了社会治理工作方向，强调了社会治理共同体在推动社会治理体系和治理理念现代化中的重要性。在大数据时代，伴随着数字化在社会治理领域的深度嵌入，基层这一基本治理层级，从治理理念到治理手段无一不发生着深刻变化，有力推动构建基层社会治理共同体的进程。

（一）基层社会治理共同体的内涵

基层既然作为社会治理的最基本层级，民心也来自基层，那么，基层治理共同体在现代化社会治理中就显得更为重要。因而，构建社会治理共同体的关键在基层。所谓基层社会治理共同体，可以从"治理""利益""共同体"三个方面加以解构，这里的"治理"意为参与基层公共事务治理活动的主体多元化，共同承担责任。治理主体的多元化有助于推进基层治理的全方位发展，避免单一主体的短板和不足，能够最大限度地实现政府主导下的多元协同治理，缓解基层治理压力，降低基层治理成本，进一步增强基层民主与公共事务决策的透明度，进而提升治理效能与公共服务水平，这也是"利益"的价值旨归。"共同体"意味着基层政府与社区、社会组织、各类机构和民众之间紧密相连、相互依存，其各个成员之间不单是"利益"取向关系，而是休戚与共的命运共同体。在这样的共同体中，推进基层事务决策的各个治理主体互相扶持、互相促进，共同守护公共利益。"利益"则是各基层治理主体相互连接的纽带，更是思维和行动的根本动力。他们之间的利益关联是形成基层治理共同体的基础，这些关联既包括物质利益，也包括非物质利益，通过协调各自的利益，构建起利益共享和互惠互利的局面。

2021 年，《中共中央　国务院关于加强基层治理体系和治理能力现代化建设的意见》印发，明确将"坚持共建共治共享，建设人人有责、人人尽责、人人享有的基层治理共同体"作为加强基层治理体系和治理能力现代化建设的一项重要工作原则。这体现了党领导人民在完善基层治理体系探索上的持续深入，深刻诠释了基层工作"为了谁、依靠谁、怎么办"的核心问题。以增进人民福祉作为一切工作的出发点，有益于进一步发挥基层党组织的领导作用、基层政府的主导作用、基层群众性自治组织的基础作用以及社会力量的积极作用，凭借多元合力为基层治理贡献力量。综上所述，基层治理共同体的建设是一项复杂的系统性工程，只有通过多方的共同协作配合，才能真正形成基层治理共同体，进而推动基层治理现代化进程，促进基层社会的和谐稳定。

（二）数字化基层治理共同体的构建

顾名思义，数字化基层治理主要是依托数字技术的应用来推动基层治理共同体的现代化和智能化。数字化基层治理共同体的建设涉及许多方面，如信息化基础设施建设、数字技术深度应用、数字化制度规定等。通过这些措施的实施，能够进一步促进基层治理共同体的构建，不断增强基层治理能力，提高基层人员素质，提升公共服务水平。

1. 打造基层智能服务平台

传统的基层治理思维一直是自上而下的理念，"上头千条线，下面一根针"，更多的是做好执行与落实。但是在实际基层工作中，单向向下的信息传递通常存在信息的延迟或导致信息失真，"信息的不对称性"降低了多元治理主体之间的信息有效性，使各治理主体在信息联动协同上出现问题。尤其是传统基层治理的"集权化"与"行政化"属性，多元治理主体很难在信息资源上处于对等关系，信息沟通的僵化反而不利于上级任务的执行与落实。在基层组织建设数字化基层智能服务平台，能够有效解决信息资源失衡和延迟的问题，促进上级部门的职能与服务改进，形成与多元治理主体互动的局面，通过大数据整合的信息，打造全新的基层治理体系，实现基层治理可视化，稳步推进基层治理体系和治理能力现代化。一是在基层治理过程中推进信息数字化和资源化。依托互联网平台，利用信息化手段推进基层社会建设，为基层治理服务注入"数字化基因"，通过智能化、精细化以及可视化手段确保多元治理主体之间的沟通顺畅，有效打破基层社会上下级之间沟通的消息壁垒。二是运用大数据技术，构建基层治理的体系化与专业化，实现居民实时掌握辖区动态并实现智能互联。三是通过智能服务平台开展群众文化娱乐活动，同时以开放交流方式收集社会各界的评论和建议，实现由"管制"向"服务"的转变，增强基层治理共同体的包容度。总之，数字化平台作为至关重要的环节，其构建核心在于多元治理主体间的信息共享与协商共治。借助数字化技术能有效突破当下基层治理面临的困境，为基层治理提供一个顺畅的互动平台，将各项复杂的数据信息"化零为整"，为可视化数字信息平台的平稳运行提供有力保障。

2. 建设数字化多元治理主体政务平台

数字化基层治理共同体致力于激发基层民众的自治积极性，而数字化平台则为多元合作共治提供了一个公平、公开、公正的互动空间。既保障了每个人都能亲自参与基层决策过程，还强化了基层民主治理的基石。在此背景下，政府作为基层治理的引领者，其政务工作的数字化转型不仅激发了多元治理主体的主观能动性，还提升了基层工作人员的专业素养，使动态的治理方式更加紧密地连接了政府与群众，促进了数字化基层治理共同体的构建。

具体而言，通过建设数字化基层社会管理与政务服务平台，如设置便捷的问政渠道，利用融媒体中心及时发布便民服务功能和热点信息，极大地方便了居民日常行政业务的办理。这些服务提示明确，操作简便，有效激发了人民群众参与政治活动的积极性。特别是"一号一键"的登录功能，简化了使用流程，高效保障了民情反馈的时效性。此外，引入大数据分析系统，并定期对融媒体平台进行升级维护，及时采纳群众的反馈意见，精准识别并响应多元治理主体的核心利益诉求。借助强大的信息筛查能力，减少了信息采集的烦琐环节，使得基层服务更加贴心、高效，从而促进了多元治理主体深入参与基层治理，加速了共同体的融合与发展。

3. 完善数字化基层治理共同体平台

前文提到，构建数字化基层治理共同体是相对复杂的工作，关乎基层层面每个治理主体的协同合作，在上述两个平台的基础上，进一步进行动态化的完善。例如，数字化基层治理共同体平台在处理庞大信息与数据时，如果数据安全措施不足，极易遭遇黑客攻击、数据泄露等安全威胁，加之缺乏统一的安全信息共享机制，对平台的安全稳定运行构成了严峻挑战。因此，加强数据安全防护，包括提升数据加密强度、完善访问控制机制、建立应急响应预案等，是确保平台安全运行的关键。此外，鉴于该平台由多方主体共同参与，不同主体间因属性和行业性质差异，在协同治理过程中需要一套统一的标准来规范平台的管理与各方行为。这些标准应涵盖数据交换、隐私保护、责任界定、争议解决等多个方面，以促进数字化基层治理共同体平台的高效、有序运行。

（三）构建数字化基层治理共同体的着力点

政府作为推进构建数字化基层治理共同体这一全新命题的主体，需以基层发展的实际情况为基础，将切实解决基层民生民情中存在的问题和矛盾作为出发点，充分考虑人民群众的实际需求和利益，进而采取积极有效的措施。例如，在数字化平台建设方面，需考虑如何引导社会资本的投入，吸引更多的资金，又如何鼓励专业技术人才积极参与平台建设等。同时，还要围绕数字基层治理共同体进行政策法规上的论证与制定，界定各治理主体的职责和义务，保障数字化基层治理共同体的稳定运行。

1. 进一步提升多元主体数字化治理能力

在数字化基层治理共同体的构建框架下，按照实际情况和治理需求进行灵活的设计和实施。一是在党的领导下，要落实党的方针政策。习近平总书记关于"数字基层社会"的重要论述为数字化基层治理共同体建设提供了指引。一要加强组织领导。建立健全数字化基层治理共同体建设的组织机构和领导体系，落实相关职责和任务，促进协调和配合。二要加强宣传教育。通过多种方式宣传数字化基层治理共同体的意义、目标和要求，引导干部和群众的参与和支持。三要加强技术支撑。数字技术的支撑和创新是数字化基层治理共同体的显著特征与关键要素，能够提高数字化基层治理共同体建设的效率和效能。此外，还要考虑如何对其进行考核评价，最终确保该项工作的质量和效果。二是激发多元主体的积极性。进入数字经济时代，数字化信息化已融入政府运行、社会发展以及人民生活的方方面面，但在这一发展进程中也出现了数字壁垒、数字鸿沟等新问题。往大的方面讲会造成基层社会发展的不平衡、不充分和不可持续；往小的方面讲会影响不同群体因个体差异对数字化的接受度，进而影响共同体的整体性构建。为应对以上问题，一要考虑加强信息共享与交流。通过建立多样化的机制和渠道，如打造信息平台、定期召开交流座谈会、举办和参加展览会等形式，促使各方主体进一步通过互联网、移动通信等新技术手段，实现信息的实时共享和交流。二要营造开放合作氛围。数字化基层社会共同体的内在品质应是开放、合作、共赢。通过联合调研、合作开发等方式，增进互信与合作，不仅可以打破信息壁垒，还可以实现各方优势互补和资源共享。三要找出数字壁垒、数字鸿沟的症结所在。加大信息数据公开力度，以数据可视化、信息可视化等方式对此问题进行破局。四要加强技术管理。针对不同群体和个人情况，加强培育与技术指导，同时围绕信息化管理，进一步规范信息的使用和共享，确保信息数据的完整、准确及有效。

2. 进一步培育数字化专业人才

发挥基层治理共同体中各主体的能动作用，提高群众对数字治理的积极性与参与度，关键在于建立一个高效、可持续的数字化基层治理人才体系。数字化人才的培养与使用，首先，要培养数字化基层治理共同体意识。这不仅要增强群众对基层社会治理共同体的认同感与归属感，还要注重对数字技术的理解与运用，通过数字化平台广泛收集民意，倾听群众心声和需求，采用线上问卷等方式增加与群众的互动频次，并将基层民众的意见纳入数字化基层治理共同体建设的考虑范畴。此外，在思想上侧重于与基层群众的沟通和联系，想方设法及时解决基层群众的问题和困难，增强基层群众对政府的信任和支持，为数字化基层治理共同体建设奠定坚实的基础。其次，要重视数字化基层治理共同体的人才能力培养。通过培训授课、发放影音教材等方式，推动各方学习掌握相关的数字化技能，如数据分析、网络安全、信息管理等工作方法和基本的操作流程。在共同体构建过程中，需要运用数字化手段，促进各方主体的沟通协调协作。作为政府管理部门，可以通过定期进行领导力和管理能力培训、提供实践机会等方式，着重培养基层治理团队和负责人。另外，构建基层治理共同体需要强化创新思维和创新能力，通过举办创新大赛、提供创新支持等方式，为数字化基层治理提供新思路、新方法，进而激发基层治理人才的创新思维和创新能力。

3. 进一步完善数字化基层治理共同体平台建设

进一步完善数字化基层治理共同体平台建设对于促进基层发展，增强群众参与意义重大且至关重要。对此，可以从以下三个方面进行考量。

首先，数字化信息数据需要进一步优化和共享。数字化基层治理共同体的构建离不开数字信息共享，其对于基层治理的顺畅推进至关重要。数字信息共享需要不断优化，提高其利用率和传递效率。一是建立由政府主导的统一信息共享平台，结合基层实际，提供全方位信息服务。同时，整合各个部门的数据资源，建立统一的数据标准和规范，使数据更具可比性和可分析性。还要注意的是，平台应具有完善的权限控制机制，确保数据的安全性和保密性。二是优化信息的传递和流通。充分利用现有的数字技术和通信设施，建立便捷的信息传递通道。例如，通过建立信息门户网站、微信群、应用程序、微信公众号等方式提供信息服务，方便民众进行信息获取。三是政府应该积极引导商业企业和社会组织参与数字信息共享，并通过政策和激励机制，鼓励基层居民积极参与数字信息的共享交流，推进数字信息共享合作机制的建立和完善。

其次，数字化管理意识需要进一步强化。当前，数字思维已广泛渗透各个领域，在基层治理共同体的构建过程中，需要注意以下两点：一是治理主体的数字化素养有待提升。要提高数据分析和处理能力，准确地运用数字化技术解决治理问题，强化数字平台整合效应。如利用数字化技术辅助基层治理决策过程，快速生成科学、准确的数据报告，以此提高决策的科学性和精准性。同时，通过制定政策、奖惩制度等方式，引导基层干部更加重视数字化技术的应用，切实将数字技术融入决策和实践。此外，加强基层社会数字化基础设施建设是前提，需通过政府、企业和社会力量的合作，降本增效，为数字化基层治理共同体的建设提供物质保障。二是鉴于数据模型和数据类型的复杂多样性，需要在管理层面强化协同合作。通过团队合作共同处理分析数据，提炼信息，精准掌握重要参数，进而利用数字化平台整合治理力量，实现治理行为的精准化，最终形成多主体基层社会共治局面。如此，针对客观事实分析各方信息要素，降低人为失误，提高决策水平，全面打造智能化决策和治理流程，促进基层治理共同体智能化转型，合理优化分配资源，为基层治理共同体营造良好的外部环境。

最后，数字资源分配机制需要进一步优化。如何优化数字化基层治理共同体中的数字资源分配，是构建数字化基层治理共同体的核心问题之一。从方法论的角度看，一是要识别和分析数字资源。首先考虑其特点、来源、质量和可用性等因素，然后采用人工智能、大数据分析、区块链等技术提高数字资源的分配效率和准确性，更好地满足治理需求和人民群众的期望，也便于更好地管理和利用这些资源。二是要完善数字资源库。数字资源库作为存储数字资源的场所，应建立一个专门的数字资源库，对数据资源进行集中管理和利用。从管理上进行分类，注意维护和更新，使其具备分类和检索功能，以便快速找到所需资源。此外，在加强数字资源的安全保障和质量控制的同时，要定期维护数字资源库和数字技术设备，确保数字资源库的有效性和可靠性。三是要制定数字资源分配政策。包括资源访问主体、资源分配规则、资源使用期限等方面。在政策制定上，要确保公平性和可行性，保证有效分配和充分利用。可以说，制定数字资源分配制度是优化数字化基层治理共同体中数字资源分配的基础。同时，要考虑不同资源需求的紧急程度和优先级序，即数字资源的分配应该根据其重要程度和紧迫性确定优先级，对那些对基层治理共同体有重要影响的数字资源给予高优先级。此外，还应注重信息共享与协同处理，提高数字资源的有效利用效率。四是要监督数字资源的分配和使用。数字资源的分配和使用必须受到有效监督，才能确保其公平与合法，这也是优化数字化基层治理共同体中数字资源分配的关键。监督可通过制定明确的规章制度和监督机制来实现，通过监管机制的执行提高数字资源的可用性和共享性，促进使用者能够更好地使用数字资源，只有这样，才能实现数字资源的高效利用，推动其与数字化基层治理共同体构建的共同发展。

第三章　典型样态：中国智慧社区建设

进入 21 世纪以来，伴随全球新一轮科技革命的演进加速和城市化的持续推进，科技创新空前活跃，"智慧城市"作为标志性成果，其创新理念及实践在国内外均得以广泛开创且深入发展。"智慧城市"一词最早在 1990 年的国际学术会议上被提及，当时，主题聚焦于技术城市现象（The Technopolis Phenomenon）、智慧城市（Smart Cities）、快速系统（Fast Systems）、全球网络（Global Networks）等，其间探讨了城市可通过信息技术聚合"智慧"以塑造可持续的城市竞争力，这可视为智慧城市最早期的理论研究。欧盟委员会在 2007 年的《欧洲中等城市中的智慧城市排名》中对"智慧城市"进行了阐释，指出了智慧经济、智慧公众、智慧管理、智慧流动、智慧环境、智慧生活六大要素。IBM 公司在 2008 年美国智库外交关系委员会的一次发言中阐释了"智慧地球"计划，"更智慧的城市"是该计划的一个项目，随后在第二年出版的《智慧的城市在中国》一书中将"智慧城市"定义为一种新型城市发展策略，即充分利用信息通信技术，智慧地感知、分析、集成与应对政府在行使经济调节、市场监督、社会管理和公共服务等职能时涉及的相关活动与需求，在其所管辖的区域创造更好的生活、工作、休息、娱乐环境。从历史和现实视角来看，"智慧城市"建设无疑为破解城市发展难题提供了一次难能可贵的机遇，这为中国的新型城镇化指明了重要的战略方向。在城市基本结构中，基层既是社会治理的重要对象，也是实施策略的基本平台。因此，推进数字基层治理成为智慧城市建设的目标之一，而智慧社区作为这一目标的典型样态，是智慧城市落地的基础单元与关键构成，推动了数字化社区治理与服务智慧化的深入发展。所以，在前几章逻辑有序展开的基础之上，围绕国内近些年兴起的智慧社区建设浪潮，本章分别从智慧社区建设的内在动因、核心元素、架构展开、北京实践以及国内其他城市的探索实践逐一描述，深入揭开智慧社区建设的"全景图"。

一、智慧社区建设的内在动因

在我国，推进社区治理现代化和智慧社区建设，是党中央、国务院立足数字中国、数字政府和城市化发展实际，以人为本，为提升基层治理和城市管理水平作出的重大决策部署。2022 年 5 月，民政部、中央政法委、中央网信办、发展改革委、工业和信息化部、公安部、财政部、住房城乡建设部、农业农村部九部门联合印发《关于深入推进智慧社区建设的意见》，要求"充分应用大数据、云计算、人工智能等信息技术手段，整合社区各类服务资源，打造基于信息化、智能化管理与服务的社区治理新形态。为充分运用现代信息技术，不断提升城乡社区治理服务智慧化、智能化水平……"。对此，许多地方围绕城市运转效率和公共服务水平提升目标，不仅通过大数据、云计算等数字技术打造"智"的基层治理，还通过"指尖办""网上办""就近办"等方式实现"慧"的基层治理。

（一）推进城市转型升级、促进城市可持续发展的现实需要

现代城市是一个复杂的生态系统，既体现了人们对美好生活的向往，也受到人类自身生产生活的影响。自改革开放以来，在我国工业化进程加速、城镇化取得巨大成就的同时，大量人口融入城市使得现有城市资源面临极大威胁，并引发了一系列社会问题，在北京、上海这样的超大

城市尤为明显，出现了土地超载、交通拥堵、住房紧张、环境质量下降等"城市病"，传统的城市管理与发展方式难以为继，严重制约了城市经济社会发展和市民生活质量。这些新问题的出现仅依靠传统的管理和技术手段难以奏效，而运用现代科学技术作为解决城市发展难题的"突破口"已成共识。建设智慧城市以推进新一代数字信息技术与城市治理和公共服务深度融合为路径。智慧社区作为智慧城市建设的最小实施单元，承载了大部分与人民群众福祉相关的智慧城市建设内容。因而，智慧社区建设这一全新的城市社区形态与发展模式，应以社区为单位，综合运用数字化、智能化建设手段，通过以点带面来推进信息资源的整合和统筹利用，逐步实现城市智慧化的实时控制、精准管理和科学决策。

（二）加快数字政府建设、提升政府执政水平的重要意义

随着现代信息技术的不断发展，政府需要在创新治理理念、治理体制、治理方式上发力，以促进治理的科学化，不断转变政府职能，在对基层街道和社区的督促管理和行政服务上，要从执行者逐步向动员者和服务者转变。2022年6月6日，《国务院关于加强数字政府建设的指导意见》明确指出了加强数字政府建设的重大意义，提出"积极推动数字化治理模式创新，实施'互联网＋基层治理'行动，构建新型基层管理服务平台，推进智慧社区建设，提升基层智慧治理能力"的要求。智慧社区是以社区作为政府向下传递新政策、新思想、新指示的新型单位，通过数字化手段实现快速传递。同时将电子政务系统向基层社区延伸，更好地保障了全国一体化政务服务平台"一网通办"在基层社会的接纳和应用，有利于扩大政务信息共享范围，同步提高政府依法行政办事效率和便民服务能力。也可以说，从构建现代社区的视角来看，智慧社区对加快数字政府建设，实现信息畅通、管理有序、服务完善、幸福和谐的数字社会具有重要意义。

（三）完善公共服务、改善民生福祉的根本宗旨

众所周知，基本公共服务涵盖教育、医疗、就业、住房等，这些是促进社会和谐、增进民生福祉的重要保障。在数字社会的今天，政府通过建设智慧社区，建成统一的公共服务信息平台，从定位上实现了由过去以政府为中心向以服务民众需求为核心的转变，提升了公共服务供给的质量和效率。在智慧社区建设的进程中，其承载的应用涉及民众生产生活、学习休闲等各个方面，与日常生活紧密相连，甚至已达到正在改变人们生活方式的程度。智慧社区为人们提供了一个互动的智慧网络平台，营造了安全、舒适、便捷的社区空间环境，有力地增强了居民的幸福感、安全感和获得感。由此可见，智慧社区建设以及支撑其发展的各种数字技术和手段已成为强大的推动力量，实现了从强调技术应用为主到强调技术服务于人的转变。数字化、人性化、智慧化，真正将公共服务、民生福祉融入居民生活质量的提升之中，这也是构建智慧社区的目标所在。

二、智慧社区建设的核心元素

从实践中看，智慧社区主要包含三个核心元素：核心技术、制度规范和发展要素。核心技术是智慧社区治理运行的客观条件和基础前提，制度规范是推动智慧社区治理的保障和政策支撑，发展要素是智慧社区治理实现的作用机理和驱动源头。

（一）核心技术

智慧城市建设开展得如火如荼，造就了新一代信息技术快速发展的黄金时期，带动了一大批前景良好、资源能耗少的科技产业融入智慧化建设道路中。前沿核心技术支撑着城市建设与发展，驱动智慧城市从理念转

变为现实。智慧社区的产生和发展是在科技的成熟和大规模应用下不断演进的结果，它将多领域技术集于一体，主要包括通信技术、物联网技术、云计算技术、软件工程、建筑信息模型（BIM）、GIS 技术、信息安全技术等核心技术。从当前智慧社区建设技术应用的层面来看，一是打造基层治理支撑平台，将多渠道多系统的数据信息汇聚到一个中枢系统（如"城市大脑"）。二是推动智能基础设施建设。比如，发展监测终端、传感设备、宽带网络、无线网络以及智能安防设施等。总的来讲，光纤通信、5G 通信及卫星通信等先进通信技术，具备射频识别（RFID）、具备无线传感功能的物联网技术，能提供有效承载能力与计算能力的云计算技术，用于城市规划、环境监测、交通管理的 GIS 技术，以及保障城市运行安全和稳定的信息安全技术等核心技术，共同推动城市向全面感知和智能智慧的新阶段迈进。

（二）制度规范

中国的智慧城市建设虽起步相对较晚，但如今已处于世界领先水平。自党的十九大以来，相继出现数字中国、"互联网＋电子政务"、新型智慧城市等新理念新提法，从制度层面支持和规范了智慧社区的技术应用和技术引入。经过近几年的飞速发展，智慧社区已演变成城镇化发展的国家战略及社区管理与服务的创新模式。2014 年 5 月，住房城乡建设部发布了《智慧社区建设指南（2014）》，对智慧社区建设的各个方面进行了详尽的阐述。2017 年 6 月，《中共中央 国务院关于加强和完善城乡社区治理的意见》印发，提出要"提高城乡社区信息基础设施和技术装备水平""依托'互联网＋政务服务'相关重点工程，加快城乡社区公共服务综合信息平台建设"。2019 年 8 月 16 日，由全国智标委牵头，50 多家智慧城市与智慧社区领域的科研院所和科技企业开始正式编制《智慧城市

建筑及居住区 第1部分：智慧社区建设规范》国家标准。在一系列政策的驱动下，城乡社区网络通信基础设施的大规模投入和建设，以及智能移动终端的广泛普及，促使中国智慧社区建设朝着更加智能化的方向发展。《第九届（2019）中国智慧城市发展水平评估报告》显示，北京、上海、广东、浙江、江西等地区开展了大量的智慧社区建设实践，并取得了显著成效。[①] 在城市安防大环境下，各地平安城市、天网工程、"雪亮工程"等基础设施与立体化防控体系日臻完善，形成了诸如平安社区、智感小区等公共安全类建设的转型。[②]

（三）发展要素

根据住房和城乡建设部2020年发布的《智慧城市 建筑及居住区 第1部分：智慧社区建设规范》，智慧社区衍生出几大发展要素，主要集中在基础设施建设、平台运营、公共服务、可持续发展四个方面。

基础设施建设是构建智慧社区的物质基础，分为信息基础设施和基础服务设施。其中，信息基础设施是社区信息化的必备要件，通过运用大数据、云计算等技术，可以推动智慧社区的数据交互，降低运营成本，增强社区智能化的可扩展性和安全管理控制能力；基础服务设施是保障社区安全和满足居民需求的关键，由设施层、网络层和感知层三部分构成。设施层主要依托社区服务中心、社区服务站、医疗卫生设施、文化体育设施以及市政公用设施等综合服务设施，涵盖社区、建筑和家庭；网络层属于一体化的网络和信息的基础设施；感知层则是利用信息采集识别、无线定位系统、条码识别等各类传感设备，对社区内的"人、地、事、物、组织"等各要素进行智能感知和自动获取，如安全监控摄像头、门禁安防设施等。

---

① 朱佳星.国内外智慧社区发展现状及未来趋势研究［D］.淮南：安徽理工大学，2019.

② 徐建明.5G、物联网时代智慧社区发展浅析［J］.中国安防，2020（Z1）：56-61.

　　平台运营既是各基础设施之间分配、管理的枢纽，也是社区同外部企业交流发展的载体。智慧社区综合信息服务平台的运营可分为公共服务管理、平台服务管理两部分。其作为集合社会资源的一体化平台，以城市公共信息平台和公共基础数据库为基础，以社区居民需求为导向，通过数据交换与共享系统，标准化对接社区治理和服务项目。它是服务管理模块化的平台，采用"政府主导、社区主体、市场运作"的运营模式，建设并运营包含安全治理服务、公共服务、商业服务等内容的"大信息服务平台"。

　　公共服务是基础设施建设和平台运营的具体呈现。具体包括安全治理服务、医疗服务、民生服务、物业服务、文娱服务、家庭服务、安全保障服务7个方面。例如，劳动就业服务为社区居民开展就业指导与培训；社区医疗服务以信息化手段为社区居民提供在线问诊、智能诊断、药物定制等服务；居家养老服务以智能化手段为老年人提供情感识别、跌倒感知、自主报警等服务；住房保障服务将住房相关信息纳入社区综合服务信息化平台，提供保障房申请、登记、初审、公示等服务，并结合人口管理，实时掌握低收入群体住房保障情况，开展相关咨询和政策宣传。

　　可持续发展在智慧社区中体现为高质量服务与高素质居民的融合，具体展现在两个方面。一方面，它显著提升了能源节约效率，通过采用节能路灯、优化绿化灌溉系统，以及提高高效节能灯具的安装率、景观灯的节能效率，并增加可再生能源的使用量等具体措施，实现了能源使用的最优化；另一方面，智慧社区的环保水平也得到了显著提升，这体现在社区的绿化覆盖率、生活环境的改善、服务质量的提升，以及对空气、水质、噪声等环境质量指标的有效管理和改善上。

　　然而无论何种要素，安全始终是社区智慧治理的关键环节和核心。没有安全的基础，一切智慧化都将沦为空谈。打造安防社区与平安社区是当前智慧社区建设中安全领域的具体形态，主要表现为从传统的安防设计逻辑规划进入多维度数据融合的深度综合状态。[①] 以北京市智慧社区为例，在平安北京、智慧城市、"雪亮工程"等总体框架下，运用智慧门禁、大数据比对、智能识别、物联网等技术，推动周界报警、视频监控、楼宇对讲、防盗报警、智能门禁、巡更系统、车辆道闸、楼宇自控等安防设施呈智能化、体系化发展。

三、智慧社区建设的架构展开

我国传统的基层社区治理，主要采用人工登记表格、打电话、登门拜访等方式，效率低且存在重复劳动，根本无法满足城市基层治理需要。而智慧社区则通过数字网络构建更为广阔的应用服务场景，实现"让数据多跑路、群众少跑腿"，创新了政务服务供给方式，推动就业、健康、卫生、医疗等公共服务实现"零次跑"。同时，还通过智慧社区平台聚合周边生活性商业服务业资源，打造出便民、惠民的智慧社区生活圈，切实满足居民的多元化需求。结合住房城乡建设部在《智慧社区建设指南（试行）》中对智慧社区的定义，简单来说就是"通过综合运用现代科学技术，整合区域人、地、物、情、事、组织和房屋等信息，统筹公共管理、公共服务和商业服务等资源，以智慧社区综合信息服务平台为支撑，依托适度领先的基础设施建设，来提升社区治理和小区管理现代化"。这也是建构智慧社区在方法论上的重要指引。

（一）支撑框架

对于智慧社区建设，国外着重通过新技术的应用来实现社区可持续

---

① 鲍敏 .AIOT 赋能智慧社区深度应用与思考［J］. 中国安防，2019（5）：56-60.

发展，而我国则更多聚焦于社区各类资源的整合与信息系统的构建，重点突出智慧社区综合平台是核心枢纽。不过，从国内外的探讨中虽然能看出智慧社区受到了广泛关注，但对智慧社区内涵及框架尚未形成统一的界定。因此，在汇总国内外已有的定义、建设实践经验及成果的基础上，依据对智慧社区的现有认知，从一般性、规范化的视角对其建设架构进行探索。智慧社区的框架是以政策标准和制度安全为两大保障体系，以设施层、网络层、感知层等数字基础设施为基础，依托城市公共信息平台和公共基础数据库，创建智慧社区综合信息服务平台，并在此基础上构建出面向社区居委会、物业公司等主体，涵盖小区治安、便民服务、公共服务等领域的智慧应用体系。

1. 基础建设：基础服务设施

基础服务设施通常包括设施层、网络层和感知层三部分。设施层是智慧社区运行的载体，覆盖社区、建筑和家庭三方，即以社区服务中心、社区服务站以及医疗卫生、文化体育、市政公用为主的智能设施，以"四节一环保""水、电、气、热智能监管"为特征的智能建筑，以智能家居、智能家电为主的智能家庭；网络层是网络基础设施，一体化融合支撑智慧社区的高效运行，包含宽带网络、无线网络、物联网等智能网络，确保社区内各项智能枢纽和节点统一接入、智慧运行；感知层是依托信息采集识别、无线定位系统、射频识别技术、条码识别等诸多技术及传感设备，对辖区内的人、车、物、道路、地下管网、地理信息、民生服务、企业信息等数据要素进行智能感知和自动获取，推进社区的"自动感知、快捷组网、智能化处理"。

2. 支撑平台：智慧社区综合信息服务平台

诚如前文所说，智慧社区综合信息服务平台构建于市级或区级统一建设的城市公共信息平台和公共基础数据库之上，设置政务服务、公共服务、商业服务等主要板块，通过数据规范化和服务接口化，接入相关管理部门的业务数据和商业服务数据，向上与上级平台实现数据共享，向下支撑各类智慧应用与服务。该平台凭借数据交换与共享系统，以居民实际需求为导向推动政府及社会资源整合，能够为社区治理和服务项目提供标准化接口。从实践来看，该平台属于服务功能模块化平台，能在社区层面实现城市不同部门异构系统间的资源共享和业务协同，不但有力地支撑社区内部系统正常运转，为居民提供良好的服务，而且推动了高质量的政府业务管理。

（1）政务服务模块。各级政府行政机关、公共机构将自身业务系统的不同受理环节设置在社区服务窗口，由社区负责居民事务的受理和纸质材料收集，但行政审批和许可的决定仍由行政机关作出，社区负责告知，使居民能够更便捷地办理事务。同时，通过公共信息平台和基础数据库中业务及数据的重组与整合，提供给居民更加便利的服务。

（2）公共服务模块。随着政府职能不断下沉和服务进程的加快，这使得平台能够整合各业务部门及社会公共机构的服务窗口，社区在公共服务过程中的地位更加凸显。

（3）商业服务模块。借助智慧社区的信息开放平台，不断增强社会资源服务与居民生活需求的黏性，并通过建立信用与淘汰机制，在实现便民利民的同时，也为商业企业提供各类基础数据与服务。

3.智慧应用：产品应用体系

基于智慧社区综合信息服务平台的构建，产品应用体系涵盖了对象管理、特殊群体服务、政务服务、治安管控等工作内容的社区治理与公共服务。根据业务内容分类，围绕管理、运行、服务三个因素，可划分为四个主要领域。一是智慧政务。涉及基层政府管理、政务信息发布、治安管控等应用。二是智慧民生。涉及养老服务、医疗卫生、文化教育等应用。三是智慧家庭。涉及智能家居、影音娱乐、上网冲浪等应用。四是智慧物业。涉及小区安全管理、路面停车管理、综合物业管理等应用。各类应用依照智慧社区综合信息服务平台建设的规范标准，在数据交换和整合下，以平台形式向社区居委会、业主委员会、物业公司、商业服务企业、居民及社会组织等主体提供服务，通过业务内容和实现方式对各种活动进行闭环响应。

4. 体制机制：实施保障体系

智慧社区中的网络基础设施、支撑平台以及各类应用系统的建设与运行维护，须按照已有的政策和标准体系执行。

（1）智慧社区实施的政策指引。

其一，以住房城乡建设部《智慧社区建设指南（试行）》的建设内容为指导，持续推进智慧社区的标准化建设和智能化社会服务模式。在社区公共服务信息平台建设方面，运用互联网、大数据、云计算等数字技术手段，构建社区综合信息服务平台，整合各类政务服务事项和业务办理等数据信息，通过网上大厅、办事窗口、移动客户端、自助终端等多种形式，推进社区政务的一站式办理；在社区智慧医疗建设方面，依据《全国医疗卫生服务体系规划纲要（2015—2020年）》《关于推进分级诊疗制度建设的指导意见》《关于推进分级诊疗试点工作的通知》等多个文件的推进落实，着力深化分级诊疗秩序，用好信息化手段，持续探索社区医联体和远程医疗等多种有效方式；在社区养老服务方面，推行"互联网＋养老"模式，依托现有的互联网基础设施，推行养老智能化信息管理平台建设，以及与之相链接的智能终端设备；在社区智能建设方面，开展以智能建筑、智能家居、智能物业为主的应用和推广。

其二，以民政部等9部门印发的《关于深入推进智慧社区建设的意见》为指导，从以下几个方面推进智慧社区建设。一是依托智慧社区综合信息平台，创新政务服务、公共服务的提供方式，推动就业、健康、卫生、医疗、救助、养老、助残、托育、未成年人保护等服务实现"指尖办""网上办""就近办"。二是聚合社区周边商超、物业、维修、家政、养老、餐饮、零售、美容美发、体育等生活性服务业资源，链接社区周边商户，构建便民惠民智慧生活服务圈。三是大力发展电子商务，探索建立无人物流配送进社区，优先开发符合"三农"需求的技术应用。推动社区购物消费、居家生活、公共文化生活、休闲娱乐、交通出行等各类生活场景的数字化，支持村（社区）史馆、智慧家庭、智能体育场地等建设，打造多端互联、多方互动、智慧共享的数字社区生活。四是强化数字技能教育培训服务，助力未成年人、老年人、残疾人共享智慧生活，消除数字鸿沟。

（2）相关保障体系。

一是政策保障。依照国家政策、法律法规的各项规定，建立健全智慧社区规章制度。二是组织保障。在社区居委会的统一管理下建立组织体系。三是人才保障。引进数字化专业人才参与运营与管理。四是技术保障。在高校院所、科技企业的支撑下，将新技术的应用及迭代持续落地。五是项目管理保障。构建长效化的项目管理模式，推进科学性、严格性和有效性。六是资金保障。在政府财政扶持主导下，拓宽融资渠道，为智慧社区可持续发展注入活水。七是体制创新保障。智慧社区的不断创新需要体制上的创新与之相适应。

（二）运行场景

从智慧社区的运行原理来看，它是一种面向未来构建全新社区形态的存在。紧紧把握新一轮科技创新革命和信息产业浪潮所带来的重大机遇，充分借助互联网、物联网等数字信息技术，发挥出信息通信（ICT）产业发达、RFID 相关技术领先、电信业务及信息化基础设施优良等优势，通过建设 ICT 基础设施、认证、安全等平台和智慧社区示范工程，并应用于智能楼宇、智能家居、路网监控、智能医院、城市生命线管理、食品药品管理、票证管理、家庭护理、个人健康与数字生活等诸多领域，进而构建社区发展的智慧环境，形成基于海量信息和智能过滤处理的新的生活、基层治理等模式。

从智慧社区的运行要素来看，与前面提到的支撑框架类似，主要包括基础环境（数字基础设施硬件）、基础数据库群（业务数据库、传感信息数据库、日志数据库、交换数据库）、云交换平台（各种异构网络的数据交换和计算，提供软件接口平台，或提供计算服务，或作为服务器）、应用及其服务体系（个人信息管理系统、日志管理系统、应急呼叫系统、视频监控系统、广播系统、智能感应系统、门禁系统、远程服务系统等）、保障体系（安全保障体系、标准规范体系和管理保障体系）。

从智慧社区的应用场景来看，主要包括以下场景。

（1）智慧物业管理。针对智慧化社区的特点，集成物业管理的相关系统，例如，停车场管理、闭路监控管理、门禁系统、智能消费、电梯管理、保安巡逻、远程抄表、自动喷淋等社区物业的智能化管理，实现社区各独立应用子系统的融合，进行集中运营管理。

（2）电子商务服务。在社区范围内的商业贸易活动中，实现消费者的网上购物、商户之间的网上交易和在线电子支付，以及各种商务活动、交易活动、金融活动和相关的综合服务活动，居民无须出门便能顺畅地完成绝大多数生活必需品的采购。

（3）智慧养老服务。目前，主要的养老方式有居家养老、社区养老、机构养老、医养结合养老以及当下推行的社区嵌入式养老等。针对这几种情况，应有相应的智慧养老方案。利用物联网技术，通过各类传感器，围绕老年人的生活起居、安全保障、保健康复、医疗卫生、学习分享、心理关爱等需求，构建远程监控、实时定位的信息监测、预警以及自动响应的智慧服务和管理系统，满足老年人自助式、个性化的交互需求。

（4）智慧家居。依托互联网、物联网等技术，以住宅为平台，兼具建筑物、网络通信、信息家电、设备自动化，集系统、结构、服务、管理于一体，打造高效、舒适、安全、便利、环保的智能化居住环境。

（5）社区公共服务。综合运用现代科学技术，整合区域内的人、地、物、情、事、组织和房屋等信息资源，以智慧社区综合信息服务平台为支撑，依托领先的基础设施建设，提升社区治理和小区管理现代化水平，促进公共服务和便民利民服务智能化。一方面，对社会工作者而言，利用 App、微信小程序，通过在线上传社区居民日常生活所需信息，以及在线信息收集和反馈，提高沟通效率，为社区居民提供安全、安心的"云上服务"。同时借助智慧社区构建的数字治理平台，社区工作者能够及时地进行信息共享、协同联动，更及时地为社区居民解决问题。另一方面，对基层管理者而言，社区接入千兆光纤，可满足低延时、多连接、无缝漫游的网络需求，在此基础上街道利用数字孪生、大数据、云计算技术，对社区进行实景建模，构建动态数据分析"驾驶舱"，依托市大数据局的数据底座，构建社区数据信息库，对社区所有信息进行整合分析，屏幕的最下方，各个智能设施传来的警报信息实时滚动播放，便于甄别和处理。

（6）智慧医疗服务。为实现居民预约门诊、用手机上网查病历和各项检查报告，"移动医疗"设备中的移动体检车驶入社区，上门为社区居民提供健康检查、疾病预防等服务，并且能够现场打印体检报告，还可将个人体检数据回传至医院内网，建立个人电子档案。

（7）智慧平安小区。依托新一代信息技术，结合社区应急业务知识，形成"知识＋数据"型的社区安全治理系统，对社区人、事、物相关的运行态势进行感知、风险识别评估、事件预测预警，提高社区综合治理和应急防控能力。一旦万物互联，爆发式增长的数据成为智慧城市社区的关键，通过5G网络、物联网和人工智能的融合应用，从感知数据库、数据分析以及各个领域的数据应用来构建智慧社区安全大脑。

（三）运营模式

截至目前，全国智慧社区的建设和运营尚无统一模式，探索出一套科学合理的智慧社区建设运营模式，对于加快实现智慧社区赋能社区治理与服务具有重要意义。一般来说，运营模式主要有"政府运营"、"企业运营"和"政府牵头、市场运营"三种。

1. 政府运营模式

政府运营模式由政府组织、出资，对各种应用进行全程监督、综合和优化，从而形成智慧社区建设的发展合力。在政府的统一规划下，制定智慧社区建设的标准规范、评价指标体系，统筹项目建设时间与进度，通过社区智慧平台实现各类信息资源的统一管理、统一更新，建立社区政务类应用，促进政务服务的整合共享，构建社区基础公共服务平台，让居民切身感受到"一站式"在线办事服务和良好的社区基础公共服务。不过，在现代市场经济条件下，作为服务型政府不再只是公共产品与公共服务的单一提供者，需要将一部分公共服务提供等方面的职能剥离给企业和社会服务组织，政府可以不参与具体事务，但负有宏观管理和有效监督的责任。所以在建设智慧社区过程中，企业负责整体规划、运营安全保障、服务过程保障以及需求收集等方面的工作。因此，该模式也可被视为以政府为主导、市场参与为辅的运营模式。

2. 企业运营模式

智慧社区项目的建设投资、投资的所有权和经营权都归企业所有，即由企业运营商为主导推动政府项目建设。这种运营方式能够高效地建设项目所要求的智能通道和智能平台，但不足之处在于每家企业受限于自身经营业务范围，无法覆盖整个智慧社区建设的方方面面。此外，在涉及数据汇集、系统链接、标准规范等方面需要政府的主导与授权才能进行。

3. 政府牵头、市场运营模式

由政府牵头，运营商参与社区基础设施建设，并向社会提供公共服务。这种方式一般被称为"特许经营权"，即政府部门就某一特定基建项目与运营商签订特许权协议，授予运营商（签约方）承担项目的投融资、建设、运维等任务，在特许期限内，运营商可以向设施使用者收取适当的费用来回收项目经营成本并获取合理回报。而政府部门则拥有监督权和调控权。特许期满后，签约方要将该基础设施无偿或有偿移交给政府部门。

综合来看上述三种模式，各有利弊。"政府运营"存在财政压力过大和发展后劲不足的问题；"企业运营"存在缺乏合理规划与有效授权且公信力弱的问题；"政府牵头、市场运营"可能涉及运营过程中数据安全使用与隐私保护的问题。但总的来看，我们可以将智慧社区综合信息服务平台中与公共服务密切相关的部分纳入政府管理范畴，其他涉及基础设施与建筑环境等便民服务的资源配置，则应当推动市场机制发挥作用，通过市场化手段优化资源配置，以满足社区居民多样化的需求。

四、智慧社区建设的北京实践

随着打造数字政府、智慧城市建设的不断推进，理论界开始进一步将"大数据""智能化""数字化"等热门词语应用于基层社会治理领域的主题学术研究，各地政府也陆续开展"智慧社区"建设实践，通过尝试用智能化、数字化推动基层治理的数字化转型。2012 年，北京市政府有关部门在印发的《关于在全市推进智慧社区建设的实施意见》《北京市智慧社区指导标准（试行）》中提到，要实现社区居民生活相关信息的数字化、智能化、协同化。依据 2022 年《北京市"十四五"城乡社区服务体系建设规划》的要求，"十四五"期间要建成统一的城乡社区智慧化大数据库和城乡社区服务管理等平台，并依托智慧社区建设，推动数字化与数据资源共享。从当前情况看，全市各社区使用的数字化平台大多是各类专项工作系统，由各级部门进行建设及部署安排，其中包含来自国家的下沉系统 2 个、北京市的下沉系统 39 个以及各区自建系统 5 个。① 现今，北京切实将智慧社区建设工程当作智慧城市建设框架布局中面向基层社区延伸的具体实践应用，与数字经济标杆城市建设相结合，同时开展相关顶层设计与"揭榜挂帅"科研项目，这也是贯彻落实习近平总书记关于基层治理重要论述的一项举措。总体而言，我国智慧社区建设发展至今，从顶层设计到实践实施，北京市在国内均处于领先水平，取得了不少成就和经验，当然也遇到了一些困境与挑战。

---

① 邱锐，李颖，王倩. 北京数字化社区建设的实践与思考［J］. 前线，2023（5）：45–48.

（一）建设成效

1. 数字化基础设施和数字化水平持续提升

近年来，北京市着力推进智慧城市数字化基础设施建设，主要从以下三个方面发力。一是从政策规划上，陆续发布了《北京市数字经济促进条例》《北京市"十四五"时期智慧城市发展行动纲要》《关于更好发挥数据要素作用 进一步加快发展数字经济的实施意见》《数据清洗、去标识化、匿名化业务规程》技术规范等，其中在《关于在全市推进智慧社区建设的实施意见》中所提到的第一类重点任务就是要推进智慧社区基础设施建设，形成智慧社区基础设施网络。二是积极推进 5G 智慧城市建设，建成覆盖"空天地"一体化市级物联感知平台、智能网联、城市管理平台、城市智慧应急平台和基层治理平台等应用基础设施，安装设置了网络基础设施、应用支撑平台和智能终端设备，以实时感知数据来监测社区真实运行状况，从而保证了社区治理的精细化和智能化。三是加强数据基础要素建设与应用，建成一体化数据资源体系，依托大数据平台开展大数据目录体系及数据治理工作，通过基于区块链技术的大数据目录管理系统的构建，横向贯通了全市 53 个部门相关数据信息，进一步深化了数字化社区建设试点，数字服务适老化改造不断推进。按照《北京市"十四五"城乡社区服务体系建设规划》要求，在"十四五"期间将基本建成网络联通、数据共享、响应迅速的城乡社区服务智慧网络。推动"互联网＋政务服务"向街道（乡镇）、城乡社区延伸，完善社区（村）政务自助便民服务网络布局。建立起全市统一的城乡社区智慧化大数据库和城乡社区服务管理平台、城乡社区互动交流平台。

2. 社区服务体系不断完善

这是北京市在《关于在全市推进智慧社区建设的实施意见》中所提

到的第二类重点任务，即推进智慧社区服务体系建设，构建智能、高效、便民的服务体系。一是在便民生活服务领域，自2010年至今，"一刻钟社区服务圈"一直被市政府列为办实事工程。从《北京市"十四五"城乡社区服务体系建设规划》中了解到，截至2020年底，全市累计建成"一刻钟社区服务圈"1772个，城市社区覆盖率达到98%以上。近年来，北京市一直在巩固提升"一刻钟社区服务圈"建设成果上下功夫，聚焦推动城乡生活服务便利化。如丰富城市社区的服务内容，扩大服务有效供给，引导市场、社会力量积极参与发展城乡社区托育、养老等服务业态，在增加城乡社区停车位，加装电动车充电桩等方面回应群众迫切诉求。"一刻钟社区服务圈"的快速建成，使得越来越多智能化生活服务设施走进社区，提升了社区的管理与服务水平，提高了居民生活的便利性。二是在养老助残服务方面，北京市应对人口老龄化趋势，将养老服务列为全市重点民生工程。通过智慧养老、"互联网＋养老服务"或政府购买公益服务等方式，依托线上线下相结合，整合辖区养老资源，打造面向日常照料、医养结合、家政服务、紧急救援、增值服务等多类型服务的新型养老服务体系。例如，石景山区广宁街道建立"24小时智慧养老健康中心"，顺义区胜利街道与企业一同打造智慧养老服务驿站，西城区广安门外街道构建智慧养老信息服务平台，提升社区养老综合服务效能。三是在健康和医疗服务方面，为居民提供了便捷的智慧医疗服务模式。在社区居委会设立了公共卫生和基本医疗服务场所，如健康体检小屋，免费为居民提供测量血压、血氧、血糖等健康筛查服务，并建立健康档案，社区医生对检测结果异常的居民提供及时有效的健康指导服务。同时，根据不同老年人的需求，推行"互联网＋"健康服务多样化，构建社区全覆盖的卫生服务体系。

3. 社区管理日益数治和智治

这是北京市在《关于在全市推进智慧社区建设的实施意见》中提到的第三类重点任务，即推进网格化社会服务管理体系建设、智慧社区安全与安居管理。北京市将网格化管理理念运用到智慧社区建设中，社区网格化管理可谓是智慧社区建设的一项重大创新成果。早在2012年底北京市政府颁布《关于加强北京市城市服务管理网格化体系建设的意见》之时，网格化体系建设这项工作便在全市全面展开，形成了"纵向到底、横向到边、无缝覆盖"的网格化服务管理格局。到2014年，推进了城市管理网格、社会服务管理网格和社会治安网格的"三网融合"，将社会服务、城市管理、治安维稳、应急处置等各项常态化工作有序纳入网格化管理体系，同时也包括治理"城市病"、疏解非首都功能等城市重点工作。在这期间，有不少社区已实现了市、区、镇（街）三级网格平台对接与数据实时共享传输。2015年至今，北京市依托数字化技术的自媒体平台和微信、微博、抖音的陆续推广应用，加之智能安防、智慧停车、智慧物业等社区智慧平台的相继建立，以及网络的互联互通和数据的共享共融，极大地提高了社区的数字化决策与智能化治理水平。与此同时，许多街道和社区的特色网站"破土而出"，如永定门外街道社会领域党建网、金融街社区生活网等。

在2023 IMD全球智慧城市排前20名的城市中，北京位居第12名，北京市成为我国乃至全世界智慧城市建设的引领者之一。此外，北京市在建设智慧社区中对加强基层民主政治建设、健全社区治理结构、创新社区管理模式方面发挥了重要作用。例如，通过微信、微博、App等新媒体，搭建了议事协商平台，改变了过去现场开会、投票表决等形式，扩展了基层民众表达诉求、民主监督的渠道，多元合作共治的新态势已初见成效。

（二）典型案例

北京市通州区于家务回族乡于家务西里社区根据市公安局《智慧平安小区建设指南（试行）》的要求，通过智慧平安小区建设项目的理论探索与实践应用，构建了智慧社区数据采集平台、物业社区管理平台、数据综合应用平台。经过几年的建设和不断完善，已构建了社区一体化安防体系，实现了社区内人、车、房等基础信息的全面掌控和小区公共安全的防控有效监管，完成政府部门对流动人口公共安全管理的同时，还有力地推动了社区党建、政务管理等各项工作的顺利开展。此外，于家务西里社区的智慧平安建设对其他社区也起到了创新示范的作用。

1. 智慧社区数据采集平台

按照全市关于推进智慧平安小区建设工作的统一部署，在推广安装"人脸识别""车辆识别"等智能化技防设备，逐步完善技防设施的基础上，实现人员信息、房屋信息、人员出入信息、轨迹信息、停车场系统车辆车牌信息、设备状态信息、人脸信息等数据采集，用于数据缓存或者交换。通过采集前端联网各子系统的数据，打造社区基础数据信息底库，并建立对应的系统采集接口采集，将前端设备数据传输至大数据服务平台。系统采集平台通过标准化采集接口，接收物业管理平台中的信息数据，包括人员信息数据、房屋与居住信息数据、前端视频门禁管理系统出入图像与出入信息数据、前端视频门禁管理系统防尾随视频数据、所有设备在线情况数据、车辆管理系统车辆及人员信息数据等。而且，在智慧社区采集平台设置标准化视频码流采集接口，用于接收前端视频监控与视频存储。同时前端视频码流转发服务器提供 RTSP 视频实时码流传输协议接口，使视频监控系统与采集平台对接以采集实时监控数据。

2. 物业综合管理社区平台

通过构建物业综合管理社区平台，可将小区内各个弱电子系统以数字化网络的方式加以融合，促进统一管理以及相互之间的联动。同时，该平台可以将部分物联网的功能向业主开放，营造出安全、便捷、舒适的社区环境。平台的主要功能模块包括单元门禁管控功能和信息发布系统。其中，单元门禁管控功能主要是对小区的出入口进行监视与控制，住户、物业管理人员及保安人员须持有小区门禁卡，在门禁系统正常识别的情况下，才能实现出入小区的功能；而信息发布系统是通过智慧社区物业管理平台、社区智能硬件以及 App 应用，为政府部门、物业公司开启综合管理运营等可持续的信息发布功能。

3. 数据综合应用平台

构建大数据分析平台是基于公安网的大数据云平台，涵盖了所有治安管理业务的综合应用服务。通过数字化、信息化和网络化手段，将"人、车、地、事、物"等所有信息及时采集并关联比对，将其整合到同一平台上，发挥数据整合后的最大效用。在技术上实现由一个平台支撑全部应用业务子系统并全面采集社会用户基础数据；在治安防控工作上变被动应付为主动控制，实现对信息化阵地的控制，提供侦破案件线索，发挥预防、控制和发现违法犯罪的作用，体现"以防为主、防打结合、严密监控、主动防范"的治安策略，达到发案少、秩序好、社会稳定的总目标；在基层社会治理方面，不仅能减轻基层社区管理人员的工作负担，还能深层次地为用户提供行业动态分析以及决策分析。

（三）面临的瓶颈

从我国社区治理的目标朝向来看，系统治理、主动治理、精细治理甚至是超前治理正逐步成为主导趋势。然而在当前基层社区治理的情境中，尽管数字技术的加持为社区治理带来了强大助力，但与之相匹配的社区治理理念和能力上的不足却显得尤为突出，在此背景下，我们有必要审视并回顾智慧社区建设进程，以便更好地应对这些挑战并推动社区治理的持续发展。

1. 智慧社区建设与实际需求的功能错位

智慧社区建设的初衷在于以数字技术为手段，实现满足社区居民各项需求以及智能化社区治理与服务这一基本目标。就目前状况而言，推进智慧社区建设在顶层设计上注重自上而下、一以贯之，然而在与实际功效、居民期盼、运行机制等前端需求的把握上不够精准，更多侧重于后端云平台的部署，所以在前置环节上缺乏对实际需求的客观收集与科学分析。有些社区在尚未了解基层运行与民生民情实际诉求的情况下，过度强调以技术为先导，进行"技术漫灌"式的建设。例如，小区的智能门禁系统虽然能够通过身份证、居住证、手机 App、人脸识别等多种认证方式，但由于系统、网络不稳定以及老年人和残障者等特殊群体存在"数字鸿沟"，有时会出现无法及时开门的状况，引发社区居民的抱怨情绪，阻碍智慧社区的可持续发展。

2. 智慧社区信息共享能力不足

智慧社区在建设中，对社区在管理、运行、服务过程中产生的大量数据进行抽取、梳理和分析，将其提炼升华为有价值的数据知识，进而指导民生服务等社会治理工作。虽然数据信息共享共用是社区治理的关键环节，但从目前来看，数据共享共用的瓶颈尚未真正突破。由于基层社区的警务、政务、物业、综治等分属不同部门管理，各部门都有自己的数据库和信息系统，部门之间信息共享不畅。信息共享能力上的不足对智慧社区建设影响巨大，平台间、系统间缺乏融合的载体，无法最大限度地发挥数据资源的价值，造成资源重复建设，形成"信息孤岛"和数据闲置。

3. 社区管理的智能化能力欠佳

数字技术赋能的社区治理与服务对专业性和时效性要求较高，然而在实际操作中，社区工作人员要么年龄较大，虽经验丰富但对新科技手段的接受意识薄弱；要么刚入职不久，虽有工作热情但难以应对复杂状况。当面临风险挑战时，他们往往更倾向于依据传统低效的"人海战术"或既有经验来进行处置，不习惯也不擅长运用新技术手段。由于知识储备匮乏、风险意识淡薄、敏锐感知度滞后，无法深刻领会社区管理智能化的重要性，在一定程度上错失诸如应对突发事件的宝贵时间与窗口期。还有一个关键问题是，社区管理智能化的相关投入较为有限，资源配置不足、专业设施不全，培训既不系统也不频繁，缺乏理论提升与实战演练的有机结合，并且对社区居民的宣传教育也有所欠缺。

4. 社区居民的参与度不足

城市智慧社区多元主体协同是推进社会治理现代化的重要发展趋势。而当前的实际情况是，仍然存在政府"一肩挑"的现象。政府通过购买服务在基层社区投入大量的人、财、物，才使得基层治理能力不断提升，但也导致社区治理更加依赖行政力量的"催化剂"作用。社区作为多元且复杂的综合体，居民在社区日常管理中更多扮演着体验者和评价者的角色，在技术引进和智能化应用方面的能动性选择与参与治理程度不高，这与参与机制不健全、年轻人参与热情不高、志愿失灵以及相关法律支撑和制度规范缺乏等多方面因素相关，难以激活社区多元共治的内生动力。

五、国内其他城市的探索实践

（一）上海市："社区云"建设

近年来，上海市委、市政府全力推进社会治理智能化，围绕"社会治理智能化""社会治理一张网"开展专题调研，提出了以"一张网"为框架，在村（居）层面建设集社区管理、民生服务、自治共治、日常办公等功能于一体的"社区云"平台。截至目前，"社区云"平台应用系统已实现全市6000余个村（居）委会全覆盖。

1.基本情况

在"一网通办""一网统管"的建设背景下，于村（居）层面部署构建了社区治理应用系统。在运作模式上，其向上连接市城运中心、市大数据中心，汇集了村（居）人房数据、社情民意和基层需求，建立了数据赋能基层和问题上报通道。该系统实现了横纵贯通，横向联通相关委办局，作为条线部门在村（居）的使用平台，纵向则支持区级社区治理系统和街（镇）级特色应用进行改造接入，向区、街道（乡镇）、村（居）级传达市城运中心、市大数据中心及"两网"下沉基层的任务要求，并且建立末端处置通道，同时反馈问题处置结果。在组织架构上，采用"1+2+X"的架构。具体来说，"1"指的是全市统一的社区主题数据库，包括人房基础数据和标签两部分，为社区精细化治理、精准化服务提供大数据支撑。"2"包括社区治理端和居社互动端，社区治理端面向村（居）干部，为村（居）依法开展自治共治、依法协助行政事务提供智能化保障，居社互动端则面向社区居民，为社情民意的表达以及居民参与社区治理开设了网上渠道。"X"属于开放性的智能化应用集群，依托"统一接口"和开放性架构，采用"应用商店"的模式，配合业务条线部门开发市级应用场景，服务全市重点工作，同时也支持区级、街（镇）级特色应用接入，鼓励基层治理创新。

2. 应用成效

（1）主题数据库建设不断推进，数字基层赋能进一步释放。在人房数据动态管理方面："社区云"以上海市人口库数据为基础，通过村（居）干部协助进行人口数据维护工作，强化社区人员信息动态管理，将社区的住房和人口加以融合，构建起人房管理的基础数据库。通过全力推进"一标三实"（分别为标准地址、实有人口、实有房屋、实有单位）与"社区云"对接，以此作为"社区云"的人口基础数据和主要居住地址，同时健全数据更新维护机制，形成权威准确的人房数据来源。

在标签库管理方面：通过人房数据标签叠加应用，村（居）掌握社区人群状况，实现"政策找人"、智能化治理、精准化服务。进一步整合业务条线所掌握的各类"标签"，如低保低收入、重残无业、长护险标签等，向基层赋予灵活的"标签"定制与应用权限，各区、乡镇（街道）、村（居）可自行创建并标注标签，如标明大重病居民、垃圾分类志愿者等群体。

（2）社区治理端功能不断完善，社区管理效能进一步提升。一是创新研发智慧报表，将各业务条线系统接入"社区云"系统中，实现村（居）数据一站式采集、自动生成表单，大幅减轻了各类系统填表工作量，逐步实现了社区主题数据库主动推送、工作记录自动沉淀、基层少量填报，做到一次输入就能完成大部分数据的日常基础维护与实时更新，减轻了基层干部的工作负担，精简了数据。目前，智慧报表已经在嘉定区试点推广应用，将村（居）原有的台账进行整合。二是优化接待走访和问题处置功能。村（居）委会在日常走访工作中，可能助力沉淀相关数据，并形成工作记录。在处理解决村（居）民的各类问题时，要强化与区和街道的城运中心网格化平台之间的联动协同作用。比如，社会工作者在"接待走访""问题处置"工作中，根据不同问题进入相应的处理流程。简单问题简化处置，复杂问题开会研判，对职责之外的问题对接"一网统管"网格，进入派单处置流程。

（3）互动场景不断加强，社区多元需求进一步满足。一是通过建立统一的"认证体系"，突破单一社区内部交流局限，构建"线上互动—线下参与"良好互动模式。村（居）委会干部可以向民众发布通知、征求意见、沟通互动，民众也可以反映诉求、参与社区事务。如在"社区公告"板块，拓宽了社区信息传播的广度；在"议事厅"板块，民众围绕换届、停车、电梯等热点难点问题，发表意见并协商化解。自该平台互动功能开通以来，已有114.7万名村（居）民实名注册，覆盖家庭达101.4万户，促进更多民众尤其是年轻人参与社区公共事务，持续营造多元共治的社会治理新格局。二是针对社区实际需求，通过建设各类应用场景，构建线上"15分钟生活圈"。例如，与业务部门搭建"养老顾问""加装电梯""文明养宠"等应用场景，为有公共服务需求的群体提供线上精准及时的政策咨询。

（二）福建省石狮市：构建"智慧石狮"管控指挥平台

福建省石狮市委、市政府通过构建"智慧石狮"管控指挥平台，突出信息资源的汇聚交融、开发利用与资源共享，形成"一中心、一中台、一平台、N应用"的基层智慧治理应用体系，即一个数据资源中心、一个数字赋能中台、一个城市运行平台，拓展网格化治理、党的建设、文明城市创建、应急指挥、船舶管理、安全生产、5G基站监管等N个场景应用，系统深入地开展全市基层治理工作。

1. 基本情况

石狮市以基层智慧治理为目标，以"智慧石狮"管控指挥平台为总框架，构建集智能感知、智能分析、智能决策、智能应用等功能于一体的"智能中枢"，纵向延伸至镇（街道），横向联动各业务领域，并逐步接入智慧政务、城市运行、智慧民生等各类应用体系，实现对城市的全面感知（智能化）、态势监测（可视化）、事件预警（可控化）。石狮市在9个镇办和城管、卫健、公安等N个部门建立分中心，在128个村（社区）建立基层工作站，通过数据融合共享与业务协同联动，整合各部门社会治理资源，形成以镇办为分拨处置业务中心，涵盖市、镇（街道）、村（社区）、单元网格的"1+9+N+128"社会治理协同处置格局，实现任务分解、预警预测、事项上报、分拨处置、协同指挥、处置评价等功能。同时，利用人工智能技术和海量数据的分析建模技术，不断形成基层治理事件综合态势感知和城市运行体征"一张图"，以确保对城市运行状态的全面感知、动态监控和精细化、可视化管理。

2. 应用成效

（1）数据融汇能力不断增强。一是依照国家、省市和行业数据标准，制定地方政务数据标准，厘清全市24个政府组成部门的政务数据信息目录，涉及14个行业领域，共计5686项业务，形成全市数据资源目录。二是制定地方数据使用标准，加强数据共享安全管理，将数据按照部门、主题分门别类，对内共享、对外开放。现已汇聚市行政服务中心、国有资产中心、城管局、文明办、应急管理局等部门数据超6亿条，完成实时对接水务水库水情信息、自然资源局多规合一、不动产登记中心等数据，提供数据接口201个。三是激活数据、挖掘分析，丰富智慧政务、城市治理、经济发展等各类可视化数据看板，让全市各级领导能够直观掌握各项任务落实情况。

（2）政府数治能力不断加强。一是通过线上"来石人员信息管理系统""境外入石人员管理系统""购药管理"等，打造信息服务全链条。二是同市委组织部、公安局、财政局、农村农业局、应急局、海防大队等11个业务部门以及9个镇办建立了涉及"互联网＋党建"、乡镇船舶管理、沿海视频监控共享、惠企政策直达、退役军人服务、安全员信息管理、电气火灾检查录入、智慧政务、事件分拨中心、镇办网格化分中心等13个系统。例如，在2020年安全生产隐患大整治、大排查期间，实现了对全市沿海所有小型船舶604船次的日常检查，对6988户用电户进行了分析，其中，实地检查6953户用电户时发现隐患1506项，总体检查率达99.5%。三是运用数据共享复用和数据采集机器人，关联人口库、法人库等数据资源，助力网格员在进行数据采集（人口普查、经济普查等）时连同已有人口、法人数据等自动导入，网格员仅需核查补充即可，既减轻了网格员的工作量，又确保了数据的准确性和同步进行。此外，依托AI智能算法赋能网格人员轨迹监控、社会治理事件标准化处理、无效事件监测、重复事件并案，以及事件智能分拨等基层工作提质增效。

（3）数字惠民能力不断提升。一是依托"智慧石狮"平台，实现石狮市各类掌上便民惠企服务的入口统一聚合，总计接入便民服务40项，可提供服务事项1500余条，实现了"一键畅享"市民服务。同时，开展"人口画像"，捕捉、记录、统计预测市民兴趣点、关注点以及痛点、难点，以此提升居民的幸福感。二是开展"企业画像"，对企业贴标签，促使"政策计算器"将数字解析后的政策与企业标签关联，实现其精准推送，并结合"奖补直达"小程序，支持惠企政策的申报与兑现，打通惠企政策落地的"最后一公里"。

（三）山西省太原市："云平台"建设

山西省太原市委、市政府以"互联网＋"共享思维，依托互联网、物联网、大数据、云平台等信息技术，采用网格化精细管理模式，通过手机 App、微信平台、12345 便民热线等平台，覆盖全市所有社区，实现了政务服务、社区便民利民服务、居家养老服务等各类资源的有效整合，为居民提供政策网上查询服务及日常生活服务需求的申请、派单、回访、评价等，确保各项服务与资源最大限度地惠及基层民生，确保居民享受到安全、高效、便捷的智慧社区服务。

1. 基本情况

太原市紧紧围绕国家"互联网＋社区"战略部署，推广应用社区治理和服务新模式，逐步实现数据、资源的跨平台交互、多渠道数据融合。云平台目前已在全市 10 个县（市、区）、55 个街道办、758 个社区进行全面应用，在社区层面使得"互联网＋民生"服务切实落地落实。目前，全市以社区为单元，将与社区相关的政务、便民、养老、生活等以及与居民息息相关的事务进行紧密融合，通过互联网的完整特性，运用相关数据技术，打造出民生大数据的完整服务场景。同时还以社区为服务终端，将卫健部门的全员人口、综治部门的网格信息等动态数据进行链接共享，促进数据的高度融合。

2. 应用成效

（1）信息利用水平不断提升。通过数据复用共享，有效清除了"信息孤岛"障碍。以社区为管理终端，将数据融合互通并形成统一的信息资源库，极大地提升了业务工作质量和效率。以智慧社区党建平台为例，建立了集管理、学习、服务、互动等功能于一体的信息交互平台，充分发挥社区党组织的作用，实现了党员管理与服务的有机统一，实现了党建工作标准化、实用化、智能化，进一步筑牢了社区党组织引领核心地位，为社区党建工作注入了新的活力，构建出一个开放式的社区党建工作新格局。

（2）便民为民服务不断强化。一是以社区居民生活服务需求为出发点，全面汇聚社区周边零散商铺的信息，通过便民服务综合信息平台，有效整合孤立、分散的社会服务资源，鼓励市场参与，创新服务模式，拓宽服务渠道，构建方便快捷、优质高效的生活服务新体系，实现了政府购买服务查询、身份认证、资料采集、预约挂号、公交查询等便民服务，提高了政府办事效率和群众满意度。二是全面整合社区公共服务相关内容，推行"社区一站式大厅"办理服务，提供政策解读、办事指南、查询缴费、代办证件等便民服务。利用"社区一站式大厅"资源，运用自助查询终端、移动终端等设备，用图解、视频等形式传达国家政策，方便社区居民第一时间了解办理流程、时限、进度及结果等，使社区为民服务更精细、更提前、更便捷，实现公共服务事项"前台一口受理、后台分工协作、管理全程监控"，打造"一门式"服务应用。在养老服务工作中，通过整合社会养老服务资料，为老年人、养老机构之间建立供需对接平台，为老年人提供最及时、最贴心、最便捷、最具品质的居家养老服务。

（3）决策分析能力不断提高。平台通过将社区各类业务的数据资源予以汇聚整合，运用大数据技术深度分析块数据内各类数据之间的关联关系，以解决民生领域的突出矛盾为核心，有效分析养老、健康医疗、精准扶贫、社区就业、教育等民生服务需求，如通过对党建工作从动员部署、实施跟踪到绩效考核的网络化和电子化管理的党建分析，对社区分布、场所、人员、网格划分等信息可视化管理的社区治理分析，对社区养老业务的人口信息、养老机构信息的可视化管理的社区养老分析，能够挖掘出数据潜在价值，打造社区运营的"驾驶舱"，以数据分析辅助提升政府部门和基层社区的决策分析能力。

第四章　模式创新：北京数字化社区治理

长久以来，我国社区肩负"上传下达"的重要职责，是基层治理的"神经末梢"与"感知细胞"。然而，在实际操作中，社区治理实务工作负担重、工作内容无留痕、辖区底数不清晰、服务居民渠道少等传统痛点问题依旧普遍存在。物联网、5G 与人工智能技术从 2019 年全面兴起，在数字化改革的时代浪潮下，基层数字化治理的场景类型不断丰富，数字化治理实践正加速朝着自动化数据采集、标准化建模计算、可视化指挥调度、便捷化居民服务等前沿价值指向跃迁，以满足基层群众在就医、教育、就业、养老、安全等多领域的诉求。由此可见，将数字技术应用于基层治理，加强基层社区数字化建设，是提升基层治理体系和治理能力现代化水平的关键。通过大数据技术的应用和时下重点推进的"人工智能 +"行动，持续提升基层社会治理活力和效率，推进社会治理智能化、管理服务智能化，积极探索"互联网 + 便民服务"等各项管理机制的创新。通过进一步有效整合互联网、手持终端、视频监控等先进技术在基层社会治理和数字政府建设中的应用，着力打造基层社会治理智能化平台，从而真正达到数字化社区治理的实效。

在我国，数字化社区建设起始于国家"城市数字化示范应用工程研究"项目。[①] 这一综合性数字化科技攻关与应用项目不仅推动了信息技术

---

① 注："十五"期间，建设部（现住房和城乡建设部）聚焦城市数字化标准规范、发展战略与政策、系统集成关键技术等研究，联合科技部组织开展了"城市数字化示范应用工程研究"项目，形成了城市数字化工程建设技术导则、示范应用工程共性技术解决方案等主要成果，并在国内建立了北京市东城区依托数字城市技术创建城市管理新模式等 5 个市级城市综合数字化工程应用示范工程，提高了我国城市数字化工程建设总体水平。

的广泛应用，还促进了城市管理模式的深刻变革。北京市作为首善之区，经过这些年的数字化社区建设与发展，正积极探索首都超大城市数字化社区治理模式实践创新，以促进数字技术赋能基层社区治理，形成数字化治理效能，使居民在日常中深刻体验到幸福感和满足感的显著提升。鉴于此，本章将基于前文所阐述的智慧社区建设背景与要素框架，从机制创新的视角，分别从逻辑机理、模式进展、典型案例、个案分析等方面，谈谈对北京数字化社区治理模式的理解与体会。

一、北京数字化社区治理的逻辑机理

随着以大数据、云计算、人工智能为代表的新一代数字技术广泛嵌入社会治理领域，理论界开始将"大数据""智能化""数字化"等热门词语频繁用于政府治理、社会治理、数字治理等各类场景的学术研究，各地政府积极推进"智慧城市""数字政府"建设实践，依托智能化、数字化技术，全面引领社会各领域向数字化转型迈进。

（一）数字治理核心要素

北京市政府有关部门于 2012 年印发了《关于在全市推进智慧社区建设的实施意见》《北京市智慧社区指导标准》，提出了实现与社区居民生活紧密相关的信息在数字化、智能化、系统化等方面的目标，时至 2022 年，随着《北京市"十四五"城乡社区服务体系建设规划》的发布，进一步强调了要在"'十四五'期间建成统一的城乡社区智慧化大数据库和城乡社区服务管理平台，依托智慧社区建设，推动数字化与数据资源共享"。就目前来看，全市各社区使用的数字化平台大多是各类专项工作系统，这些由各级部门建设并部署安排，其中包含来自国家的下沉系统 2

个、北京市政府的下沉系统 39 个以及各区政府自建系统 5 个。① 现今，作为全市数字经济领域的标杆工程之一，北京市正切实将数字化社区建设工程作为智慧城市建设框架布局中向下延伸，面向基层社区的具体实践应用，已在回天地区、城市副中心等多地进行试点运行，同时开展了相关的顶层设计与"揭榜挂帅"科研项目，这是贯彻落实习近平总书记关于基层治理重要论述的一项现实举措。

1. 要素构成

数字化社区治理模式作为一项由北京市政府推动实施的重要公共政策，可以从治理理念、治理主体和治理方法三个方面进行理解。在治理理念上，该模式调强以人为本，寓管理于服务；在治理主体上，弥合信息不对称的影响，营造多元共治的氛围；在治理方法上，整合社区内部资源，不断提升社区治理能力。从近些年的实践来看，北京市持续开展以"数字"为特征的智慧社区建设，数字化实践具备的治理理念展现出其"适用性"；治理主体在数字化转型中的积极行为，展现出其"现实性"；而治理方法达到的预期成效，展现出其"有效性"。这些实践成果揭示了数字化社区治理模式发展所包含的三个要素，即技术、治理和效能。此外，在模式发展过程中，还体现出不可或缺的代表政府政策推动的外在势能和基层实践的内生动力。因此，数字化社区治理的发展要素由数字技术、数字治理、数字效能构成，而外在势能与内生动力是该模式具有现实价值的重要因素，如图 4-1 所示。

① 邱锐，李颖，王倩.北京数字化社区建设的实践与思考［J］.前线，2023（5）：45-48.

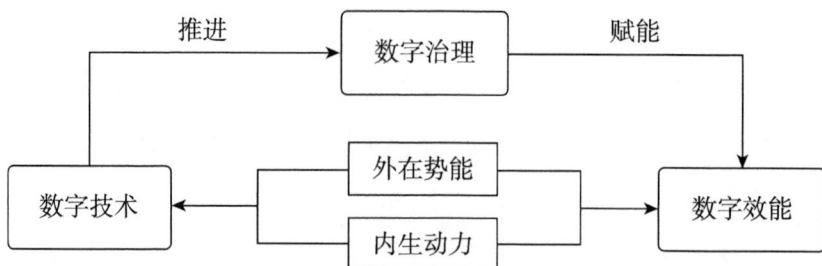

图 4-1　数字化社区治理要素框架

资料来源：笔者自制。

2.要素分析

（1）数字技术：拓展了社区治理时空边界。数字技术在社区治理实践中，通过重塑传统的数据处理和应用模式，极大地提升了社区数据信息管理水平。其能够在不同时间、不同空间内实时掌握辖区动态信息，拓宽民众诉求表达与监督渠道。依托数字化信息平台，通过数字技术对动态数据进行收集，能够及时对辖区基本数据进行汇总并持续更新。通过组建海量扎实的数据库，平台将收集和处理的数据信息分门别类进行汇总、处理，更加全面直观地反映问题，有针对性地提高治理水平、增强民生供给。平台能为社区治理奠定坚实的数据支撑，建立涵盖"人、地、事、物、情、组织"等全方位与社区相关各类要素的基本信息库，使数字化治理成为现实。

（2）数字治理：数字赋能社区发展的新形态。从本质上讲，这是继21世纪前后电子商务、电子政务在社会信息化建设领域应用后，构建现代社区的又一个全新形态，是一种新型的网络治理模式。社区运行通过数字化转型，可以实现"全覆盖"治理。换句话说，"全覆盖"既是社区发展的贯穿主线，也是治理目标。依托数字化赋能，社区治理能力实现飞跃性提升，不仅增强了社区自行处理琐碎事务的能力，还促进了多元主体共治新格局的形成。以数字化全面把控和掌握社区运行的方方面面以及个体差异化诉求，不断提升社区治理的整体效能，能够"游刃有余"的应对突发事件与民生诉求。所以，从"全覆盖"角度来看，不仅是数据面板的全覆盖，更是对社区不同应用场景工作的"不留死角"，高效化解风险和处理问题，凸显其现实价值。

（3）数字效能：以人本、高效、民主为价值导向。"高效能治理"是我国着力推进社区治理现代化的重要价值标尺，[①]如以人民为中心的治理理念、"网格化"管理平台系统、"接诉即办"机制等都是其重要体现。这也反映出了人本、高效、民主是数字化治理模式在社区产生作用后的有效结果，意味着前面提到的数字技术的适用性和数字治理的现实性，通过赋能和推进的作用，实现了良好甚至超出预期的结果。具体而言，一是治理手段和治理工具的更新迭代，能助力基层减负、强化应急管理能力等。二是服务更加便民，如"指尖办事""智慧养老"，能解决群众急难愁盼等各类民生问题。三是打造共治格局，依托数字化平台，可以引导辖区企事业单位、党员、志愿者积极参与、监督和决策社区建设事务，实现良好的社会治理生态。

（二）搭建数字化支柱

我们应积极探索以数字化为引擎，构建智慧社区，推动实现系统化治理、精细化治理以及高效化治理目标，进而构建基于数据驱动的首都超

---

① 2020年5月22日，习近平总书记在参加全国"两会"内蒙古代表团审议时提出"高效能治理"的重要命题。

大城市数字化社区治理运行体系。

1. 采用基层多源数据融合治理策略

以基层数据应用为导向，着力解决数据供给不充足、机构相互不信任、安全流通无范式、数据使用不可控等问题。一是研究社区可信数据系统与多元协同治理技术，丰富"社区治理数据资源池"，以社区为原点，纵轴同市、区等垂直业务系统互联对接与数据融通，横轴打通社区层面业务系统。二是以多元数据融合带动民政、卫健、公安、城管、交通等相关部门组成的工作专班，促进业务流程的再造和模式的变革。

2. 研发社区脆弱点辨识技术，构建风险吸纳机制

积极推动数字化转型迅速融入小区安全、垃圾分类、邻里纠纷、停车管理、群租治理等关乎居民生活的各个场景中，以防范化解各类风险隐患，提高对突发公共事件的应对水平。一是汇总微博、公众号等社会化媒体，以及社区微信群、网络社区及相关部门的投诉反馈、转办交办信息等与社区相关的历史数据，采用主题抽取与功能分析技术，精准抓取社区所暴露出的脆弱性与风险点。二是针对辨识出的风险进行靶向治理，借鉴"每月一题"机制，进行研判分析、举一反三，进而吸纳风险。

3. 建设智能辅助决策知识库，完善人才培养机制

基层工作复杂繁重且数字化转型对管理者专业素质要求较高，需要具备较高的数据分析能力、信息素养能力和协调沟通能力。一是从社区管理制度、优秀社区工作者和领域专家的经验及知识中汇总相关答案，构建形成丰富广泛的社区工作相关问题辅助处理知识库，及时解决居民急难愁盼与公共服务诉求，亦是对"接诉即办"、网格化管理过程

中诉求应对工作的有效补充。二是鼓励在京高校和科研机构构建专门的培养机制，引导相关产业界高端人才以兼职等方式加入专业培训和高校授课中。

二、北京数字化社区治理的模式

近年来，北京市政府从政策和实践层面着力推进数字化社区建设，以回天等地区作为试点单位，研究以数字化、智能化促进资源整合、数据处理、多元互动、减负增效等治理与服务目标的实现，以打造新场景建设推进数字技术的深度应用。如"西城家园""掌上海淀""云上望京"等代表各区特色的信息系统的建成与运营，在推进过程中共同建构并探索形成了首都超大城市社区治理的新模式，获得了良好的成效和经验。

（一）主要模式

1. 全域治理模式

该模式以大数据技术为驱动，将全域内所有物理要素进行数字化重构，横向上整合社会治理中心、信访局、公安局等相关部门业务信息；纵向上打通不同层级各大平台，打造数字化场景，从而推动基层解纷平台集成、工作力量整合、数据信息汇集。这一模式的典型代表是朝阳区朝外街道"芯上朝外"云平台。

朝阳区朝外街道为解决人口流动等问题，通过建立一整套数字化治理平台，开展数据积累沉淀和智慧设施应用，基于多类应用场景的打造实现全域覆盖，从而提高基层治理整体效能，优化"平急响应"处置效果，解决群众各种民生诉求。一是构建人口管理、重点监控、智慧消防、"接诉即办"、智慧养老、智慧社区以及电子巡更7类主要应用场景。比如，在人口管理场景中创新勾画出"五彩爬楼图"，用以开展"以房管人"，尤其是实现了与12345"接诉即办"的有效对接。将"接诉即办"平台上的上千条上报信息数据接入3D数字孪生城市中，使其直观显示每类案件，并动态、精准和系统地呈现出"民生问题民情图"。二是从民众的实际需求出发，如提供安装心率监测、远程监控、智能门禁等智慧服务，将派出所数据、特殊人群台账、党员信息等主要数据进行收集、整理和录入，对所有数据进行精细化管理。

2. 网格联办模式

该模式以党建为引领、以网格为手段、以协同为机制、以服务群众为主旨，通过"网格＋联办""线上＋线下""公众号＋数字化"等多种形式，推行数字赋能社区治理高效运行。这一模式的典型代表是平谷区滨河街道的"数智底座＋网格化"模式。

平谷区滨河街道通过智能化手段，不断完善网格化机制，构建"一张网""两系统""三个圈"所形成的"123体系"，重点聚焦推进党建、社会治理、文化建设、网格化管理等重点任务，进而强化资源整合、上下融合和左右联合，将网格化与"接诉即办"融合互通、将诉求"上交"与诉求"下交"联办，持续提升社区治理能力和服务能力。一是在共性基础支撑方面，通过平谷区数字融合应用实验室的软硬件设备及技术人员，建设"一门户六能力"应用平台，增强基础服务能力，实现多元化的数据支撑。二是加快推动网格化管理与12345热线平台的数据协同。通过统一问题和诉求汇集入口，将网格化考核并入12345"接诉即办"考评体系。此外，在融合"雪亮工程"视频数据资源、网格化平台积淀数据的基础上，为了满足职能部门向属地收集数据资料的实际需要，开发建立了数据上报机制，进一步推动职能部门与属地政府之间顺利实现信息传输、数据共享、授权流转。三是持续强化网格化城市管理事件闭环管理水平，逐步构建起"问题发现—事件处置—结果反馈—考核评价"的闭环流程。同时借助系统平台和手机客户端推动"街乡吹哨、部门报到"工作的信息化发展。此外，进一步拓宽多元化问题上报渠道，除网格员常态化巡查处置渠道外，群众还可通过"爱我平谷"微信小程序进行上报。

3."码上"治理模式

"码上"治理模式利用数字化信息化手段开展居民管理工作，为辖区商户建立二维码身份识别，实现辖区商户数字化管理的"全覆盖"。同时，通过为社区赋码，收集社区内各类基础数据，整体上实现基层社会治理运行的"全覆盖、全跟踪、全掌握"。这一模式的典型代表是朝阳区左家庄街道的"一码共治"模式。

朝阳区左家庄街道立足城市有机生命体这一基本特征，通过数字化、信息化手段将管理者、服务者和社区居民紧密相连，开展基层治理的"一码共治"。一是"码上"融合，关怀辖区居民。将辖区11个社区全部赋码，累计汇总辖区物业79家，涵盖了"门前三包"、垃圾分类、物业管理、停车管理和卫生防疫等多项内容，居民可扫码快速了解产权单位、物业信息、房屋底数、人口流动底数、便民服务圈覆盖面等基本面板数据情况。二是"码上"管理，满足群众多样化需求。集合"企码"应用，联合"政务码"提升社区政务服务质量，同时将监督管理和最小空间单位服务延伸至每个楼宇企业，逐步形成数字孪生街区、智慧街区，进而构建出数字治理体系新格局。三是"码上"监督，引导居民积极参与管理。针对老旧小区、各类服务场所众多等特点，对516家沿街商户，以测绘手段在数字平台为辖区商户建立"身份证"（二维码），以确保数据覆盖与共享。

4.服务平台模式

该模式面向党建、城管、综治、城运、卫生等政务服务业务内容的融合规划，避免重复建设，打破"信息孤岛"，强化资源整合，积极推进数据共享，进而创立"政务服务云平台"。此平台采用统一的用户认证，整合资源，并通过建设标准化接口对接市、区级信息系统，开展跨层级、跨地域、跨系统、跨部门的协同服务。这一模式的典型代表是通州区潞源街道"智慧潞源综合管理服务平台"。

通州区潞源街道作为全市街道管理体制改革的试点，以加强基层治理、事件协同处置和服务社会公众为导向，依托大数据、云计算、物联网等新一代数字技术，构建以数据为核心的开放型新型智慧城市治理体系，打造可视化场景管控的协同处理平台，以促进基层治理的精细化管理与服务。具体来说，一是通过对数据进行接入并对资源进行整合，打造以城市闭环管理工作流为主要业务应用的综合管理信息服务平台，以及以展示决策为目标的全要素即时响应平台。二是以简约高效、多网融合、为民服务为宗旨，以事件为牵引，记录每个事件的来源、派遣、处置和结果等节点信息。经过对全过程数据统计分析，实现统一三维 GIS 地图响应平台的结果呈现。同时，依托"智慧潞源 App"辅助基层工作人员进行事务处置，逐步实现"一数一源、一点采集、全网应用"。三是打造党建、城市规划建设、城市管理、应急管理等典型应用场景，关联辖区内 359 路公交及周边 668 路公交的"雪亮工程"摄像头，整合住建、环保、12345 热线等相关数据，建设领导驾驶舱，有效接入相关业务部门既有的系统资源，全面提高城市管理与服务水平。

（二）实证分析

诚如前文所述，数字化社区治理模式的开展，需要数字技术、数字治理、数字效能三大核心要素的紧密衔接和高效运转。以此为前提，出于社区管理与服务的治理目标，结合北京市数字化社区治理的常见治理模式及其所具有的不同特性，选取北京市 H 社区和 S 社区作为实践案例进行实证分析，展示北京数字化治理模式的有效性与现实性。

1.H 社区：基于网络文本主题挖掘的数字治理

（1）社区基本情况。"H 社区"位于首都核心功能区西城区，占地面积约 0.65 平方千米，有 19 栋楼，入住居民 3600 余户，常住人口 8000 余人。其辖区有 9 家单位，包含大型央企、商业企业等。附近有众多名胜古迹和旅游景点，民俗文化氛围浓厚。该社区设有党委、居委会、居民代表常务会和妇代会等，并建立了健身队等文体组织。

（2）主要举措做法。第一步，数据准备。在保护隐私的前提下，获取社区微信群中的完整聊天记录，包括文本消息、消息发送者和接收者、消息的时间戳等关键信息，时间范围限定为 2021 年 4 月 7 日至 2023 年 7 月 31 日，约 6 万条聊天记录。第二步，数据预处理。对已经去除敏感信息的数据进行了预处理，剔除了纯粹由表情符号组成的文本，以及如"收到"和"谢谢"等一些无意义的短文本。这一步旨在确保所分析的文本数据具有一定的信息含量。经过这些处理步骤后，最终保留了大约 2.5 万条清洗后的数据，以便用于后续的文本分析工作。第三步，数据总览。通过对数据总量进行详细分析，得到了如图 4-2 所示的数据量统计结果。例如，在 2022 年 11—12 月，社区讨论量显著增加，在同年的 4—6 月，也出现了小幅上升，此为更精准的社区服务提供了重要的参考。

不同时间段的交流频率

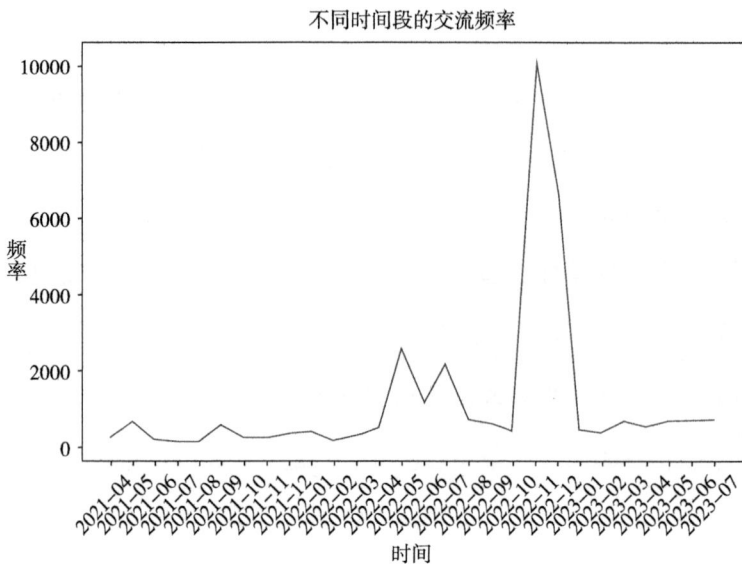

图 4-2 数据总览统计图

资料来源：笔者自制。

（3）应用成效。通过对微信群数据的总览，发现每个月的数据量存在明显差异。运用网络舆论主题的数字化社区治理模式，对 H 社区近 3 年来的主题词演变情况进行了梳理，社区居民所反馈的社区问题主要集中在热水与水管问题、停车位问题以及电梯问题等方面。具体来说，一是热水与水管问题在社区居民的反馈中占据重要地位。这一问题直接关系到居民的生命健康安全，因此，社区应重视居民的反馈，并在必要时进行改进。二是停车位问题也受到社区居民的广泛关注。停车难不仅给居民带来不便，还可能因剐蹭、口角等事端引发治安、法律纠纷等。针对这一问题，物业管理方应采取较灵活的方法，根据业主的反馈情况来处理停车位问题。如优先考虑满足小区业主的停车需求，以避免潜在的矛盾扩大。此外，电梯问题同样引发了社区居民的担忧，加深了居民的恐慌程度，甚至可能因出现故障而导致人员伤亡。

2.S 社区：搭建线上 + 线下紧密互动的公共平台

（1）社区基本情况。S 社区位于朝阳区中西部，占地面积约 0.2 平方千米，共有 18 栋楼，入住居民 1800 余户，常住人口有 5400 余人。其辖区内有 7 家单位，包含大型金融机构、商业企业等，周边有大型三甲医院、超市、餐饮，具有典型的区域代表性。社区设有党委、居委会、社区服务站，同时还拥有千米健身园和 300 多平方米多功能活动室等设施，居民可享受便捷的服务。

（2）主要举措做法。S 社区以"对接民众需求、提升社区温度、引导社会共治"为工作导向，建设"互联网 +"助推城市基层精细化治理平台，即打造 1 个大家园和 3 个支撑体系（媒体平台体系、可持续发展体系、共建共治共享体系）。一是构建媒体平台，营造社区融媒体矩阵。结合社区实际，线上开办"社区报"、微信公众号、微博、网站、头条号、北京号等社会化媒体，形成社区本地新闻信息精准投送、同步更新、同频共振的牵引效应。二是通过党政群共商共治机制，提出"幸福社区卡"的基层治理理念。明确持卡群体范围，开发社区卡功能，为在社区工作或居住的人们办理"身份证"。通过广泛持续开展商户行业协会、公益联盟、公益大集、公益周等线下活动，形成辖区商业企业、百姓积极参与的良好态势。三是组织线上 + 线下精品特色活动。线上活动依托社区微信公众号开展，通过融媒体矩阵发布，在公众号菜单栏下挂接。比如，针对每年举办的"微春晚"，开展线上征集、线下排演的方式宣传动员，并在演出时进行现场直播。

（3）应用成效。该社区坚持党建引领、政府主导的理念，通过党政群共商共治的方式，以百姓关注的事务为工作出发点，借助信息化和全媒体手段，构建出由媒体平台、幸福社区卡、特色活动组成的线上 + 线下相结合的公共互动服务平台。一方面，通过平台凝聚全社区发展合力，广泛动员辖区居民积极参与社区建设。通过线上与线下相结合的品牌活动激发群众参与活力，充分发挥平台枢纽功能，扩大信息覆盖面与知晓度。另一方面，做好为民服务的"四大员"。一是"宣传员"，借助社区数字化宣传平台，如在公众号、网站、微博等媒体平台，及时发布辖区重点热点信息，确保居民能够实时掌握所需信息。二是"调查员"，主动收集辖区居民反映的问题并及时给予反馈，不断畅通基层信息报送渠道。其中，社区公众号中"随手拍"模块便于居民随时反映问题，其后台与"市民诉求处置中心"的城市治理管家进行联动，以用于后续的处理沟通，这也成为"接诉即办、未诉先办"的手机端口。三是"服务员"，以辖区居民需求为导向，开展各类公益活动，打造幸福社区。四是"引导员"，通过报道群众关心的工作进展，发布权威信息为群众答疑解惑，以尽可能满足人民群众的各项需求。

三、北京数字化社区治理的典型案例

（一）回天地区："回天大脑"超大型社区治理

1. 基本情况

北京市昌平区回龙观、天通苑地区（以下简称回天地区）被称为"亚洲最大的社区"，其下辖6街1镇，113个社区、20个村，总面积约63平方千米，共计85万人口。针对两大居住区共同存在公共服务滞后、职住失衡等突出问题，经过两年多的创新实践，位于回龙观云智中心的回天"城市大脑"一期已经建成，通过接诉即办、社情民意、城市体检等8个助力基层治理的应用场景，实现了回天地区的社会治理创新，构建了从城市基础设施、数据底座、"大中小"三屏联动到多领域智能应用的"1+1+3+N"的四级架构贯通体系。

2. 举措做法

（1）构建"1+1+3+N"的四级架构贯通体系。具体来讲，第一个"1"是指城市基础设施，它包括了4G/5G网络、物联网络、城市部件等；第二个"1"是指数据底座，基于昌平区已有基础资源汇集数据，确保"数据底座"的可靠性和鲜活性；"3"是指领导"驾驶舱"、综合治理平台、移动端应用服务平台，"三屏"联动，实现"大屏观态势""中屏统调度""小屏优处置"；"N"是指面向社区管理、街镇治理、区级赋能的应用体系。

（2）搭建超大型社区社会治理创新应用场景。主要包括：一是基层治理场景。"回天大脑"全面汇集来自市、区的政务数据、基层业务数据和社会第三方数据，形成回天地区的"五清一感"大数据底座。通过"数说回天"、"数据问诊"、"街镇画像"和"运营监测"等功能模块，掌握基层治理、实时交通等城市运行动态，从不同维度扫描城市最新数据，快速形成"诊断"报告，精细化、穿透式查找局地细项的风险隐患，判断重大风险并进行预判。二是交通出行场景。"自我调节"交通疏堵（实现"少堵10分钟"，智能信号灯也可为特种车辆应急通行"一键护航"），"错时守时"共享停车（智能化平台对龙泽苑西区、东区的各类车位进行数字化管理和共享式运营），"柔性供给"的共享单车（与哈啰、青桔、美团等共享单车运营企业的数据联通，实时掌握重点区域的车辆停放总数）。三是社区管理场景。依托常态化疫情防控期间的"不停步通行"以及依托小区公共区域视频监控数据，全天候为居民提供"目光守护"；通过"线上督导"促进"源头分类"的"绿色积分打卡"，激发了社区居民进行垃圾分类共治的积极性。

3. 应用成效

自"回天大脑"建成以来，积极推进市区两级数据资源和共性支撑能力下沉并赋能，明确以居民服务、社区治理和城市管理为定位，围绕群众反映强烈的群租房、垃圾分类、车辆拥堵、停车难、高空抛物等共性问题开展城市大脑应用场景试点建设，着眼管理研判"看得清"、基层业务"管得透"、市民服务"办得好"，形成"三屏联动"体系。一是通过"驾驶舱"（大屏）实现"一屏揽全局"，初步实现态势感知、风险提示等功能，为各级领导科学决策提供辅助支持。二是通过综合治理平台（中屏）做到"一屏统调度"，构建以事件为中心的区、街、居三级运行监测与业务协同体系，确保各场景科学调度。三是通过移动端综合服务平台（小屏）实现"一屏优处置"，方便基层工作人员和群众通过小屏上报问题、中屏推送处置提醒、大屏呈现处置情况，推动形成"小问题社区办，复杂问题联动办，所有问题有响应"的闭环。

在社区治理方面，针对停车难、高空抛物、消防通道堵等生活痛点，开发共享停车、高空抛物轨迹追踪、消防通道柔性执法等智能应用服务于社区居民，辅助社区进行精准治理，让基层工作者更能轻松应对烦琐的管理工作；在交通出行方面，在天通苑地区选取 5 个路口作为试点，通过联网信号机实时调整路口信号灯的配时，实现道路交通流的均衡分配。试运行以来车辆通行效能提高 10%、早晚高峰延误指数下降 10%。

（二）滨河街道："数智底座 + 网格化"基层智慧治理

1. 基本情况

滨河街道地处平谷区核心区域，约有人口 6 万。因老旧小区多，基础设施老化，存在电动自行车充电难等各种问题。针对社区（村）"小而简"诉求居高不下、坐在办公室"隔空"解决诉求、包户责任不明确等问题，该街道通过智能化手段，健全网格化机制，构建了"一张网""两系统""三个圈"的"123体系"，加强资源整合、上下融合、左右联合，打好网格化与"接诉即办"组合拳，推进诉求"上交"，加快诉求"下交"，不断提升社区治理能力和服务能力。

2. 举措做法

滨河街道全面整合现有镇、社区（村）两级资源，以层级负责为基础，以细分区域为平台，并以信息化管理为手段，全面推行社区网格化管理模式，织细、织牢、织密治理网格。重点推进基层党的建设、社会治理、文化建设、网格化管理服务等重点工作，凝聚攻坚合力，集中突破基层社会治理的重点难点问题，持续提升全镇基层治理水平。

（1）共性基础支撑。滨河街道依靠现有的各类资源，在全区的总体规划统筹下，充分利用区数字融合应用实验室投入的软硬件设备及技术人员，构建"一门户六能力"的统一资源共享、开放及应用平台。平谷区致力于搭建数据共享交换门户，确立全区统一的数据标准、视频智能算法服务平台，建立算法仓库和时空地理信息服务平台，制定全区数字资源共享交换管理标准，构建算力基础能力，充分利用数字融合应用实验室引入的云计算和大数据计算的硬件设备，填补了平谷区算力的空白，为数字城乡治理等实验场景提供算力支持。

（2）网格化管理体系与12345平台数据协同及考核评价体系融合。一是统一区级问题汇集入口。将网格化考核纳入12345"接诉即办"考核评价体系，形成权责明晰、各司其职的区、街道（乡镇）、社区（村）、网格四级管理服务体系。二是强化网格化综合服务管理平台的应急响应能力。在充分融合"雪亮工程"视频资源以及网格化综合服务管理平台沉积的数据基础上，深入探索数据的产生方式、上报来源，建立基于网格化综合服务管理体系的数据上报机制。同时在系统平台中开发相应的模块，满足职能部门向属地政府收集数据的需求，实现全区各部门的数据共享需求。

（3）基于网格化城市管理事件闭环管理的区级综合执法系统。一是建设区级指挥中心和18个街道（乡镇）分指挥中心的网格化事件处置流程应用。按照"单元网格—社区（村）—街道（乡镇）—区级部门"多层级的事件派发流程，建立"层层可吹哨，逐层必报到"的事件处置机制，形成了"问题发现—事件处置—结果反馈—考核评价"的闭环流程。二是建设区级综合执法模块。针对网格化综合服务管理平台的事件类别及各街道（乡镇）对综合执法的实际需求，梳理综合执法事项、问题清单、行政处罚和行政检查权责清单等，将其全部纳入综合执法模块。

3.应用成效

一是在体制机制方面，织密"一张网"，划清权责。以社区行政区域为依据，实现街道统一指挥、社区多级联动的全方位治理模式。一级网格为街道网格，全面统筹，负责搭建网格平台、细化网格分区、明晰责任分工等；二级网格为社区网格，上下贯通，负责宣传政策法规，开展各项服务工作，解决居民诉求；三级网格为楼院网格，深入走访，了解居民急难愁盼，做好民情日记；四级网格为单元网格，负责本单元"小事务"，带动居民处理"下交"诉求。二是在实施举措方面，通过大数据智能化网格，构建网格事件"收集—上报—分析—调度—处理—反馈"的智能信息系统，形成信息化管理格局。在此基础上，街道完成智慧化社区建设，通过智能信息化手段，解决了小区内打架斗殴、车辆剐蹭等问题，提升了小区居民的安全感和获得感。在金海小区建立智慧示范点，设置了以社区为单位的网格指挥中心，并配建智能指挥系统，探索新型社区治理模式。此外，街道还搭建了"综合指挥平台"，逐步实现信息"发现—上报—分派指挥—处置完成（自行和指挥处置）—反馈—考核"的闭环指挥模式，结合"接诉即办"、网格化治理，构建"智慧滨河"核心大脑。

（三）潞源街道：智慧潞源综合管理服务平台

1. 基本情况

潞源街道位于市级行政办公区核心承载之地，是北京城市副中心新设立的首个街道。该街道作为全市街道管理体制改革的试点，在大部制改革、"街乡吹哨、部门报到"体制建设、城市精细化管理等方面，针对信息壁垒、资源共享等基层治理难题，积极为全市街道管理体制改革探索可供推广的经验及做法。智慧潞源的建设以通州副中心千年大计的发展战略为引领，是北京市向上海、杭州等具有较为先进智慧城市管理理念的城市看齐的重要试点，它以加强街道治理、事件协同处置和公众服务为重点，依托大数据、云计算、物联网、人工智能等新一代信息技术，构建以数据为核心的开放型新型智慧城市治理体系，基于可视化场景管控、协同处理平台，能够快速高效地解决辖区问题，推动街道社会服务向精细化、常态化管理迈进，实现没有城市病的街道建设。

2. 举措做法

智慧潞源系统紧紧围绕数据整合、共享、分析的理念，秉持简约高效、多网融合、为民服务的宗旨，纵揽全局、协调各方，为"六办一队三中心"业务提供信息化支撑。该系统以事件为牵引，将每个事件的来源、派遣、处置和结果等节点信息逐一记录，形成事件处置的闭环管理；对全过程数据进行统计分析，并在全要素即时响应平台实现统一的三维 GIS 地图的结果展现，实现对潞源全业务的综合展示，为街道领导决策提供准确的数据支撑；依托移动应用智慧潞源 App，辅助街道工作人员、执法队员进行任务处置，准确记录个人工作量并汇总统计分析，通过信息化手段逐步实现"一数一源、一点采集、全网应用"，以构建全街道统一的大数据采集共享体系，为副中心智慧城市采集共享体系做好储备。

该系统的业务涵盖党的建设、城市规划、城市建设、城市管理、城市应急等应用场景，打造城市管理"问题发现、平台派单、响应处置、核查反馈"的闭环工作模式。同时整合住建、环保、吹哨报到、市民热线、视频回传等相关数据，建设"领导驾驶舱"，实现了三维立体可视化（通过倾斜摄影方式完成街道辖区内的三维实景建模）、城市部件数字化（对街道辖区范围内的 5 万多个城市部件进行国标普查，以国标编码赋予每个城市部件独一无二的"数字身份证"）、事件处理流程化（"问题上报—平台派单—响应处置—核查反馈"的城市闭环管理工作流）、全面感知智能化（街道级的全面城市感知网络）、应急预警自动化（在防汛、环保、预警等应急处置方面接入市区级信息化系统数据），接入相关单位既有的信息系统资源，并结合潞源街道实际进行定制应用，深度融合进入智慧潞源系统，以提高城市管理水平。

3. 应用成效

自 2019 年 3 月智慧潞源系统上线至今，其运行稳定，城市闭环管理工作流程运转良好。智慧潞源综合管理服务平台事件来源包含日常巡查、视频发现、微信公众号发现、区级平台下派、自行处置、12345 热线及吹哨报到系统等，事件按月结案率达 100%。首先，在体制机制方面，智慧潞源系统的建设为智慧街道治理探索出了可共享、可推广的宝贵经验。智慧潞源的顶层设计、统筹规划之所以能如此有力且实施顺畅，主要得益于潞源街道推行的大部制改革机制。其次，在实施举措方面，进一步深化全街道网格管理工作，实现网格员从"抽空做""兼职做"到"专门做"的转变，打造出一支整体素质强、能力覆盖广、信息排摸准的网格员队伍，将社会治理的触角真正延伸至基层，使基层治理工作得到全面提升，网格化服务管理成效全面凸显。此外，构建了"打防整治、矛盾化解、管理服务"三位一体的长效治理机制。定期组织平安志愿者、居民党员、社区民警在人流密集的重点区域开展防电信诈骗、平安建设等宣传活动。依托信息化技术成果，将潞源辖区的"人、地、事、物、组织"等城市管理要素绘成"一张图"加以展示，并融合 3D 实景模型，通过便捷的网页载体实现对潞源城市管理态势的全面感知、动态展示，提升党建引领下的城市管理、社区治理、民生保障、平安建设及综合执法等工作的现代化水平，为副中心发展新形势下的潞源街道高质量发展提供数字保障。

四、北京数字化社区治理的个案分析

本部分选取北京市朝阳区朝外街道办事处"芯上朝外"作为研究案例，并以"芯上朝外"治理实践的整个过程作为研究对象。"芯上朝外"是由街道层面建设运营、面向社区应用的以数字化为显著特征的治理平台，选取该案例能够充分阐释数字化在社区治理中的显著效用。这一案例的选择具有两方面的方法论依据。一方面，案例所处的时代发展背景具有充分的完备性。2012 年，北京市政府启动了社区治理数字化试点建设工作，2022 年，在政府工作报告中进一步强调"以开展数字化社区建设为试点，提升城市服务管理水平"。现今，数字化社区建设作为北京市数字经济领域的六大标杆工程之一，是推进打造数字政府的基础性工程。由此可以看出，这些外部优势条件呈现出一种相对平稳的发展态势，也从侧面印证了数字化治理的有效性。另一方面，"芯上朝外"的发展历程具有充分的代表性。近年来，北京市数字化社区建设快速推进，积极探索超大城市的数字化社区治理模式创新，形成了如"回天大脑"、"芯上朝外"、双井"1·3"社区等数字化基层治理典型，收录于《数字化基层治理研究报告和典型案例集》中，且在 2022 全球数字经济大会专题论坛"数字化基层治理论坛"上正式发布。[①]"芯上朝外"云平台不仅展现了在现代化基层社会治理体系中的全面数字化成效与举措，同时具有与"接诉即办"机制有效结合等诸多方面的独有特点。因此，该案例符合典型案例的要件要求，能够尽可能地将数字化转型的共性与个性予以呈现。

（一）基本情况

朝外街道地处朝阳区西大门，是全市首批开展推广线上线下相结合的"一刻钟社区便民服务圈"建设典型。该街道既是朝阳区的政治、文化、经济发展中心和涉外交往窗口，也是 CBD 的重要门户及休闲消费功能区，域内驻有外交部、司法部等中央国家机关和 13 个外国使馆，作为市政府确定的北京市第三商业大道——朝外大街的两侧云集了丰联、联合、华普、中国人寿等知名商厦，日坛公园、华北最大道观东岳庙等文化文物古迹亦坐落于此。鉴于朝外街道独特的地理位置、深厚的历史背景以及明确的发展定位，为精准掌握民生民情、有效解决群众实际需求提出了更高要求。在此背景下，朝外街道积极响应中央政法委《关于推进市域社会治理现代化的意见（试行）》及北京市委政法委《关于深入开展市域社会治理现代化试点工作的实施办法》的政策指导，于 2018 年 7 月 31 日正式启动了"芯上朝外"云平台建设。该平台从软硬件基础铺设、数据高效汇集与运用以及创新体制机制等方面入手，旨在有效解决人口流动等社会治理难题。2021 年 7 月 30 日，北京市政府办公厅印发的《北京市关于加快建设

---

① 澎湃政务：北京科协.数字化基层治理研究报告和典型案例集发布，17 个优秀案例等你来学习［EB/OL］.（2022-08-30）［2024-02-20］.https：//m.thepaper.cn/baijiahao_19681614.

全球数字经济标杆城市的实施方案》明确提出"全面构建以数字化为特征的现代化治理体系"，为朝外街道的治理创新注入了新动力。同时，中共北京市第十二届委员会第十一次全体会议进一步聚焦"七有"要求和"五性"工作导向，强调完善"接诉即办"机制，为朝外街道的社区治理与服务指明了方向。在这一系列利好政策的支持下，朝外街道充分利用"芯上朝外"云平台，在多个场景中实现深度应用，不仅加强了软硬件基础设施建设，还有效化解了社区治理中的各类问题。通过不断创新理念思路、优化体制机制和实施举措，朝外街道提高了社区治理与服务的质量和效率。

（二）案例呈现

从北京市"芯上朝外"实践背景的简要阐述中能够看出，云平台建设、内外驱动因素、建设和应用成效是核心行动策略，不仅体现了社区治理的形式和内容在发生变化，更彰显了数字技术赋能社区有效治理过程中的工作重点。基于这些策略行为，下文将从"芯上朝外"案例中剖析和构建数字化社区治理模式的赋能运行机理模型。

1. 社区治理"平台化"

"平台化"是打造数字化社区治理的核心主题。从技术层面搭建大数据平台，将数字技术作为核心来推进数字化社区建设，这是社区数字化治理得以实现的关键技术手段。大数据平台能够实现区域内数据的收集、储存、分析和运用，把有效数据应用到社区治理、公共服务和居民生活中。正因如此，在开展市域社会治理现代化试点的工作部署之下，朝外街道通过大数据的积淀、智慧设施的应用，构建了包含一个基础数据库、一个可视化平台、N 个基层工作应用场景的"芯上朝外"云平台，确保了快速响应和实时指挥。

对于建设数字化平台而言，运用数字技术收集动态数据，能够及时对辖区人口基本数据持续更新。通过构建坚实的数据根基，平台将收集和处理的信息贯穿管理、决策、创新全过程，能够更加全面、直观且有针对性地服务民生，为各个社区治理奠定坚实的数据支撑，实现治理目标精准化、治理过程多元化、治理措施联动化、治理决策科学化。该街道已建立了包含"人、地、事、物、组织"各要素的基本信息库，整合街道层面的各类业务系统数据及各类台账，关联内部各业务科室及所辖社区基础信息，通过多维度的共同维护，实现了"一口录入"。平台基于信息库所建立的报表系统，通过分层级、分区域、分权限共享基础数据库，可自动生成精准到户、到列的各类表单、套表及报表，将人员从表格填报中"解放"出来，不但打破了数据壁垒，实现了"多元共享"，而且更好地落实了"基层减负"。

为了利用物联网、AI等技术对重点特殊人员的信息进行跟踪、预警与管控，基建及技术运用为大数据云平台的运行提供了实践抓手。在软硬件方面，铺设了确保数据顺畅流转的光纤底网，安装了重点监控探头、智能门禁、停车闸道及人脸抓拍机等智慧设施，建设了具备市民诉求处置、综治案件联动处置、应急值守处突、社区消防预警、疫情常态化防控阻击、社会治理决策、综合指挥调度等功能的各类中心；在数据库方面，基于人口基础数据库字段所包含的各科室各类信息，将其建立模板、批量导入数据库，并持续对数据库更新维护并按权限划分应用；在智能化方面，通过在三维场景中对社区中各类案件的上报数量进行统计汇总展示，对关键词频次进行指数分析，帮助街道和社区掌握各类问题重点发生场景，辅助社会治理决策智能化。通过"平台化"的主题叙事，从根本上解决了数据孤立、静态数据、数据更新不及时等难题，增强了数字化社区治理的稳定性和适应性。

2. 社区治理"全覆盖"

"全覆盖"是推进数字化社区治理的关键主线。在治理层面，凭借数字赋能的技术，社区治理能力实现飞跃式的提升。其让社区自行处理更多事务，推动了政府在一定范围内向下授权，促进了社区多主体共治的形成，而且还强化了对社区总体运行和个体问题的统筹与解决，在提高基层治理整体效率的同时，对社区工作的"平急响应"及优化处置效果均有显著提升。鉴于此，朝外街道打造了多个基层治理应用场景，并且"由面及点"，从社区"全覆盖"角度出发，切实解决居民的急难愁盼实际问题。

打造多类应用场景是社区治理"全覆盖"的前提。据资料统计，当前围绕人口管理、重点监控、智慧消防、接诉即办、智慧养老、智慧社区、电子巡更 7 个数字化场景已取得了良好成效。例如，在人口管理场景中，基于疫情防控期间积淀的社会工作者爬楼图成果——"五彩台账"，创新形成了"五彩爬楼图"，即用不同色块标注房屋状态和居住者类别，实现"以房管人"，同时将相关信息在 3D 地图上进行数字孪生，以列表的形式直观展示辖区楼宇、企业具体情况；在接诉即办场景中，基于接诉即办平台上报的问题，随着数千条 12345 热线信息的涌入，LED 屏幕变成了 12345 市民诉求热力图，并按"七有五性"的划分在 3D 数字孪生城市中直观显示社区每类案件，动态、精准且系统地呈现"民生问题民情图"；在智慧社区场景中，通过出入口门禁人脸识别、访客留影等手段，结合系统建立的地区重点人群名单，将重点关注人员的出入信息形成独立报表实时上传至综治指挥中心，以便于快速查询及采取管控。

以问题为导向是社区治理"全覆盖"的关键。据了解，街道从百姓身边的实际需求出发，将治理与服务覆盖社区的方方面面。例如，通过安装心率监测设备、远程居民摄像头、智能门磁等手段，保障了老年人的生命安全，并实现了对紧急情况的快速响应；结合 3D 地图上显示的地区基础信息，通过朝外街道社会动员平台 App"伴儿"的系统应用构建商家联合体，推动全民共同参与"三包"问题的解决；将地区党组织基础信息、两个"关键小事"中的物业基础信息等录入三维立体 3D 地图进行分类显示，以利于从源头上解决问题。此外，还将派出所数据、特殊人群台账、党员信息等进行收集整理并录入，实现所有数据的精细化管理。通过实施社区"全覆盖"治理这一主线策略，增强了社区和居民对数字化的适应度，在基层治理与民生服务上节省了时间成本、协调成本和机会成本，彰显了数字化治理的有效性。

3. 社区治理"高效能"

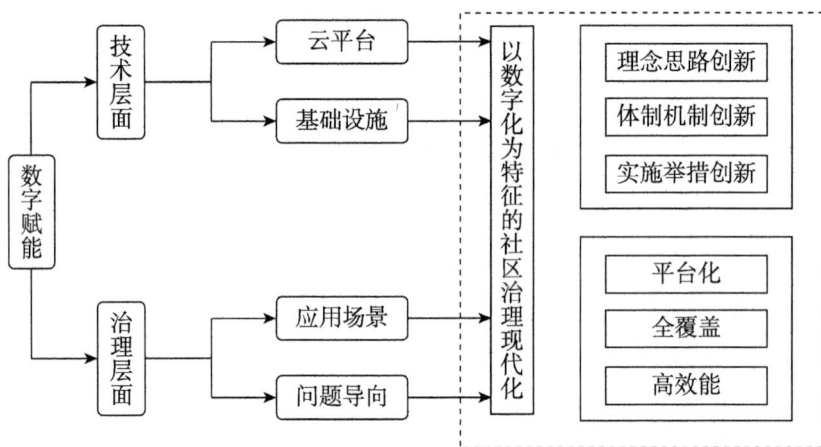

图 4-3　数字化社区治理赋能运行模型

资料来源：笔者自制。

"高效能"是实现数字化社区治理的主旨。在中国的社会情境中，基层社会治理和基层数字化融合背后的推动力，在于"看得见的制度之手"

和"看不见的数据之手"的耦合，^① 也可以理解为基层治理体制机制与数字技术链通效应之间的相互耦合嵌入，然而这种耦合并非自然形成。鉴于制度属性与技术属性之间存在的张力，在一定程度上会对治理的效益产出形成阻碍。以此来看，"高效能"作为治理过程与结果相结合的运行特性，朝外街道在理念思路、体制机制、实施举措方面的创新，确保了数字赋能的开展能够实现弥合与贯通。

其一，理念思路是先导。普及信息网络、推行电子政务是建设数字政府、转变政府职能的有效途径。朝外街道按照"创平安、创满意、创一流"的思路构建了"芯上朝外"云平台，组织各相关业务人员以"指尖反映与沟通"的模式，实现了信息共享，打破了传统的沟通方式，掌握了群众诉求和业务处置等各类信息情况。其二，体制机制是保障。为了实现数字赋能的有效性，朝外街道通过平台建立了全地区微型站统一指挥调度机制、"人防＋技防"社区消防联防联控机制、专业消防与社会消防力量联勤联动机制等。通过辖区重点单位与社区"结对子"，建立了区域消防联防机制。其三，实施举措是方式。那么应如何看待"高效能"呢？其体现在可视化展示、数据采集更新、智慧消防、智慧养老、接诉即办融合、电子出入证小程序等各种方式的实施产生的治理价值方面。如在吉祥里建立了全市首个社区智慧消防平台——"四体一库"，实现了社区火灾隐患排查、自动报警、快速处置，尤其是在电梯间安装的智能 AI 摄像头，对电动自行车入楼报警，能有效消除安全隐患。通过贯彻"高效能"的主旨描述，解决了数字技术作用于社区治理的困境，验证了数字化治理的现实性及未来的可持续性。

---

① 锁利铭 . 数据何以跨越治理边界 城市数字化下的区域一体化新格局［J］. 人民论坛，2021（1）：45-48.

（三）模式总结

依据北京市"芯上朝外"案例的过程论证，平台建设、内外驱动因素、高效能运转等核心行动策略，构成了一幅"数字赋能"三维画卷。从整个逻辑来看，聚焦了三种行动策略，数字治理的有效性不仅在于数字平台为治理过程提供了技术手段，更为重要的是，其包含理念变革、制度建构、举措创新等方面的数字效能，塑造了以数字化为特征的社区治理现代化。总而言之，在数字效能与数字技术相互构建的过程中，数字赋能得到有效运行与实现。

1. 从数字化建设到平台化治理的理念变革

从各地数字化转型实践情况来看，重技术建设而轻管理运作的现象较为突出。这是因为在智慧城市建设进程中，数字技术以及相关应用的理念设计一直被刻意强调，致使"数字化"的概念价值远大于使用价值。建设数字化平台，使其成为搭建管理部门与社区居民的媒介。直观的平台展示和便捷的线上办事是数字技术的显著优势，多元治理主体开始广泛运用云计算、大数据等现代信息技术，致力于提升治理能力和治理水平。然而，鉴于社区治理的复杂性、群众多元化诉求及公共生活多样性，在实际运行中，无论数字技术如何完备，仅依靠技术是不可能实现社区治理方式方法的创新的，而必须通过理念的革新，摒除技术崇拜，推动社区治理的理念创新，这也为探索城市治理理念及治理模式创新奠定了基础。

所谓平台化治理，就是通过广泛运用数字化技术获取海量的数据信息，利用后台强大的信息系统对这些数据进行处理和分析，生成与其密切相关的新信息，并对如何挖掘、使用这些信息进行制度化建构与设计，从而在此基础上推行智能化来指导具体业务工作。这种以构建平台展示出的数字化、信息化、智能化手段与系统，冲击了传统的社区治理模式，塑造了社区的数字化治理思维，而这种理念创新又为数字治理的有效性提供了保障。具体体现为：一是民众参与意识不断增强，在推动建立多元主题合作共治新态势下，许多治理顽疾迎刃而解。二是通过数字化技术在基层社会的广泛赋能，治理效果得到显著提升，人民群众对美好生活的向往通过数字化得以实现。三是秉持以人为本的理念，结合数字化平台的高效治理，极大地促进了全过程人民民主实践中基层决策、协商及办事等各环节更加公开透明。

2. 从场景化到全域化的制度建构

制度建设的一个重要意义在于指导性和约束性。在我国，社区数字化治理起步相对滞后，尽管党和国家在顶层设计上围绕数字社区建设、打造应用场景等方面已作出明确部署与安排，并在建设智慧城市、数字政府上强调了社区的基础性地位，然而对于街道及社区层面的数字化治理工作仍然是新生事物，相应的配套能力、制度建设还相对薄弱。近年来，基层治理应用场景的规范化为数字技术推动系统化治理、精细化治理、高效化治理和主动性治理提供了平台，在安全、养老、物业等领域取得了显著成效，极大地提升了治理效能与居民生活质量。然而，在探索数字治理场景化过程中，需警惕"技术孤岛"现象，即过度聚焦于某一特定问题、特定群体或区域，忽视数字技术的普惠性与广泛适用性。这种做法不仅可能抬高数字治理的门槛，限制其覆盖范围，还可能因脱离实际需求而加剧居民与社区之间的数字鸿沟，甚至让部分数字平台异化为形式主义的产物，仅服务于检查与宣传，而非真正服务于民。因此，面对数字治理的新挑战与新机遇，我们亟须从制度设计的高度出发，加强顶层设计，明确数字化治理的目标导向与基本原则。

全域化治理，作为一种超越传统场景化治理的新范式，旨在通过全方位、深层次的整合与优化，实现社区治理的质的飞跃。宁波市鄞州区的"365全域社区治理"新模式，正是这一理念的生动实践，它不是局限于某一特定领域或问题，而是将经济、政治、文化、党建等多个维度纳入治理范畴，构建了一个"全领域覆盖"的治理体系。该模式通过强化平台治理及基层能力的"全要素投入"，引导多元主体参与的"全员式参与"和全过程的"全流程管理"，以提升综合治理能力、扩大治理覆盖面、完善治理体系机制。即依托大数据、云计算、人工智能等技术手段，将社区内所有信息对接入网络，实现全覆盖的提升治理与服务效能，使得每个组织、群体、个人都顺利地成为数字化治理主体。对此，要考虑制度层面的几点建设。第一，健全面向全域化的数字化社区治理制度体系，确保有章可循、规范管理。第二，增强全域化的制度执行能力。在基层组织与控制、执行实施维度，开展基于数字化治理的执行力建设。第三，推进协商共治的运行机制。通过完善信息共享机制，提升多主体参与治理的积极性、监督数字化治理效果的动力。第四，筑牢信息安全屏障。鉴于全域化具有信息数据共享、多元主体无障碍互动交流等特点，必须高度重视安全问题。此外，关于基建维护升级、标准化建设等方面的制度和规范也是全域化得以保障的重要条件。

3. 从系统应用到运作能力的举措创新

除了加强制度建设，中央就基层治理体系和治理能力现代化指出需以能力建设为抓手，提高基层治理水平。不难思考，就数字化转型而言，这方面的能力涉及技术研发与应用、系统平台与使用、数字素养与操作等诸多方面。基于"数字化社区治理赋能运行模型"，可以认定，是否具备有效的运行能力将是社区数字化治理成败的关键。从根本上来说，数字化治理作为社区治理服务新形式，其核心构成包括基础底座、核心平台和应用场景，纵向上只有将市、区、乡镇（街道）三级数据通道和横向上各业务部门及不同系统数据融通共享，形成基层社区管理和公共服务的数据基础，治理才真正具有数字化意义。然而在实际工作中，更多的是关注系统应用，将数字技术与治理服务内容简单嫁接，注重对系统的依赖与使用，缺乏运作能力的创新做法。

数字化治理的运作能力，其核心优势展现在组织领导、数据互联互通和数字技能培养这三个关键方面。首先，在组织领导层面，紧密跟随党的二十大精神及新修订党章的指导，切实发挥基层党组织在社区数字化治理工作中的组织领导作用，组织制定发展规划与目标，把握数字化社区治理的核心理念，即以人为本，共治共享，利用平台推动社区党建工作的智慧化应用。同时，必须高度重视信息安全，建立健全责任制，确保意识形态与网络安全得到有效保障。其次，为避免数据共享"碎片化"状态，应积极探索构建统一的数据采集、处理和流通标准。这一标准需覆盖数据、技术、管理、服务及安全等多个领域，旨在提升数据质量和通用性，以促进社区内各类数据的整合互联。例如，"芯上朝外"云平台已沉淀的29个大类数据，社会工作者只需通过手机端操作，便能显著提升社会治理的效率与成果。最后，在数字技能培养方面，鉴于数字时代带来的海量数据流转与共享需求，加强社会工作者的数字化技能培训显得尤为重要。这不仅要提升他们的数字化应用能力和专业水平，还需引导他们理解并适应数字化治理的新思维、新模式。同时，建议考虑设立社区数字化治理的专职工作队伍，协助社区解决技术难题，维护数字设备与系统稳定运行。

第五章　我国数字基层治理建设的思考

　　基层是社会治理的第一线，基层社会的和谐稳定是国家长治久安、人民安居乐业的基础性支撑。千禧年来多样化集群式爆发的科技革命，以信息智能互联为表征、以数据为载体的技术革新与持续迭代，为基层社会治理开创了前所未有的发展平台与模式创新。要把先进的技术融入基层社会治理，实现基层社会治理智慧化的发展目标，把大数据思维、人工智能和互联网思维等一概融入基层社会治理进程，运用先进的技术赋能基层社会治理，才能有效实现基层社会治理的智慧化，推动基层社会治理由线下向线上的转变，从而能够更加高效、快速地开展政务、便民、为民等各项服务工作。数字技术正改变着我们的思维与行为习惯。比如，大数据能够将群众关心的事宜和政府相关事宜通过云端发送至群众的手机，人工智能也能够通过智慧化平台个性化推荐群众想要了解的相关信息，同时通过云端解答群众疑问。此外，人工智能还能通过大数据信息辅助政府进行有效决策，提高决策的科学化和有效性。尽管技术赋能基层社会治理智慧化发展有很多的优点，然而就当前我国基层社会治理的状况来看，要实现智慧化发展依旧有很长的路要走。在数字技术赋能基层社会治理过程中，如何界定技术的适用性，如何确保数据的安全性，如何保障数字治理的有效性，这些疑问都对科学开展数字基层治理建设带来阻碍。鉴于此，本章立足我国数字化基层治理的发展现状，从现实价值、新场景路径、治理服务策略、数字安全体系等方面提出一些思考，希冀能以此为日后实践提供些许参考。

一、把握好数字基层治理的现实价值

（一）数字赋能是目标

1. 推进基层治理体系现代化的重要抓手

2018年11月6日，习近平总书记在上海考察时强调："城市治理是国家治理体系和治理能力现代化的重要内容。一流城市要有一流治理，要注重在科学化、精细化、智能化上下功夫。"如北京市的"接诉即办"改革，"一条热线"联动社会力量，提升政府治理效能，改进党员干部工作作风，取得了政府对市民急难愁盼诉求的"全响应"效果。以大数据赋能为技术支撑，致力于基层社会治理，在12345"接诉即办"、网格化管理的实践中持续突破治理中的数据感知局限性。这为首都北京建设高质量的智慧城市、数字化社区提供了指导和依据，也成为向全国推进基层社会治理现代化呈现出的"北京样本"。

2. 创新基层管理模式的前瞻探索

传统基层治理模式与日新月异的经济社会发展变化以及群众更加个性化、差异化的需求相比，越发体现出法治思维和创新意识不强、多元主体共治作用未能发挥、"头痛医头，脚痛医脚"、社会工作者队伍参差不齐等突出问题。开展数字化基层治理，可以通过构建"网络社区"，以数字化"众包"的方式，实现最大限度发现各类隐患风险，做好预测预警、风险防范、民生民情，进而推动主动治理。从全国范围来看，各级政府电子政务平台应用已经延伸至区级层面。开展基层治理数字化建设不仅能为打造"城市大脑"向基层贯通提供一定的前瞻性思考，不断拓展智慧化应用场景，进一步以智能新形态精准挖掘传统社区管理中不易发现、难以解决的治理难题，还能降低治理成本。

3. 解决基层民生诉求的有益尝试

当前，在构建新时代城市基层治理现代化体系时，首先面临的是民众诉求服务的短板。如何解决民生诉求，促进民生改善，更好地落实"七有"要求，数字治理应运而生。通过数字授权推动社会主体相互协调，依托数字赋能促进公共服务精准高效，正成为基层治理的一种新形态。基于数据共享、流程再造和业务协同，数字化治理实现了跨层级、跨地域、跨系统、跨部门和跨业务的综合管理服务，促进了数字供给与治理需求的有机对接。充分利用大数据、互联网、云计算等智能互联技术的基层治理，持续推进以社区治理体制为重点的基层治理体制机制改革，最终实现基层治理的目标，归根结底就是要满足人民日益增长的美好生活需要，不断提升人民群众的获得感、幸福感、安全感。

4. 防范基层风险事件的有效手段

在基层社会，由于大数据建立在海量、多维、多元、异质的全样本、大规模和动态性数据信息的基础上，通过对卫健委、应急管理、交通、民政、人社、公安等部门数据的开放融合，推动医疗机构、疾控中心、科研部门的信息共享，不断强化政府掌握的结构化数据与互联网企业掌握的公众社交、出行、消费、支付、通话等半结构化和非结构化数据信息的汇聚整合、关联分析和模型建构。通过数据清洗、数据爬取、数据挖掘等技术手段，实现对重大突发事件的风险监测、风险预测和风险预警。如在新冠疫情期间，大数据在我国就很好地发挥了风险监测、风险预测和风险预警功能，通过引入大数据、云计算、物联网和人工智能等新兴数字信息技术，持续加强对重大突发公共卫生事件的风险治理，保障了人民群众生命财产安全。

（二）"三个能力"是导向

1. 服务能力，建立有效管理机制

建立数字基层治理平台，实现资源整合。基层能够整合辖区内的党建资源、行政资源以及社会资源，形成"资源清单"；梳理以往一个时段诉求突出问题，并征集当前民众需求，分析办理中存在的重点、难点问题，明确"需求清单"。一方面，根据需求清单，搭建数字化互动平台，增近与民众的相互了解，服务居民，共商解决辖区环境、设施等诉求问题，并按需求将碎片化的资源加以整合，在安全、资源等方面为民众提供精准服务；另一方面，针对同一类型的重复诉求，大数据平台将其进行统一归类，避免重复处理。当然，处置也不能一概而论，应在数据分析的基础上，摸排辖区和人员各自情况再列出试点先行推进，"以点带面"有序解决。此外，围绕频率较高的诉求，在系统平台上进行相关法律法规、经验分享等方面的宣传展示。

以数字化提升基层服务能力的同时，通过强化舆情披露，构建高频诉求风险评估机制。一是适时、连续发布重复问题最新动态和处置进展，注重在舆情事件处置的各阶段及时公开相关工作进度信息，保证信息公开的连续性。在进行诉求响应、处置的同时向当事人发布相关进展，掌握信息发布节奏，缓解当事人焦虑情绪。避免因信息发布间隔时间过长，给群众留下不作为的印象，增大诉求压力。二是建立对重复诉求的风险评估机制，进行风险研判，研究应急策略。重复热议诉求不仅需要及时处置，更需要防患于未然。此外，还须在街道办事处的支持下，建立多部门协作的共同引导应对机制，在完善法律规定、科学预防、有效处置、普法宣传等方面同步发力，做到从源头上减少同类诉求的发生，以及

事后有效应对。

2. 解决能力，推进诉求压实细化

在数字化可视平台上，难以办理的诉求通常具有海量、复杂且多元化的特点，应加强对这些诉求的分类管理与展示。其主要涵盖：基础民生，如供水、供电、供气和供暖；基本民生，如食品安全、药品安全、交通管理；发展民生，如城市绿化、优生优育、生态环境；优质民生，属于更高层次的需求，如房屋权属、宠物管理、金融理财等。不同诉求在平台上的发生频率与规律，有利于会商诊断尚未解决诉求背后的缘由，厘清新老政策更迭、宣传解释不充分、错误认知等因素，进而建立协同处置机制，以共建共管的模式，加强沟通频率，力争及早解决。

在基层治理实践中发现，社区在面对专业性较强的诉求时，很难主动且在第一时间进行判断并作出相应的有效应对。例如，维修类、赔偿类问题普遍存在，可以在社区综合服务平台及便民 App 上发布一份附近有关房屋维修鉴定机构的名单，对房屋责任进行判定，并协助居民联系相应的维修机构；对于涉法涉诉类问题，则可借助线上"公益律师"，如广告收费取向问题，支持居民了解真实情况，以维护其合法权益。

3. 应对能力，平衡基层工作压力与动力

依托数字化平台建设，关注自身素养培育。一是在平台开设专区，健全完善社区工作者身体与心理健康的检查和防护体系；二是加大对社区工作者有针对性的教育培训力度，不断提升社区工作者的能力水平；三是进一步优化考核机制，使基层的考核评价更加科学、公平、合理；四是强化社区工作者的正向激励机制，深入研究激发社区工作者的积极性与内驱力的方法。

强化党建引领社区治理是数字化基层治理的一项重点工作。一是依

托平台完善社区党建运行机制，在系统中明确区域化党组织"责任地图"和"目标地图"，研究制定资源清单、需求清单和项目清单，设立党建"红色志愿岗"，由党建联盟党组织和党员"按图索骥""按需接单""按责上岗"，促使共建工作做实做细。二是围绕群众关切问题，对接形成项目清单，以解决环境卫生、街面秩序、道路交通等突出问题，着力培育社区党建引领品牌。三是建立健全党建微信群、公众号，鼓励党员干部在线上及时反映市情民情，共商解决方案，逐步实现各类问题全口径汇聚以及资源的共享融通。

二、推进数字基层治理新场景的路径

（一）建设基层社会治理数字信息平台

在基层社会治理实践中，通过对政府部门、街道社区、电信营运商、互联网公司和社会组织等数据的监测分析，同时结合用户手机指令、支付宝、电商、电子支付等地理位置数据，运用数据挖掘、数据爬取、数据分析等智能化技术手段，将城市基础数据、政府服务业务数据以及医疗、交通、人口、公安、住房等关键领域的实时动态数据整合，借助城市信息模型（CIM）的强大能力，构建实体、模型、数据的一体化体系。结合辖区流动人员轨迹、社交信息、消费数据等大量数据进行科学建模，利用人工智能和深度学习等技术途径，使"人、地、事、物、组织"各类数据采集更为及时、准确，为建构基层社会治理数字监测平台提供数据基础，实现对"平急"事件的精准监测。

与此同时，持续推进区域人口信息平台建设是基层治理的重要支撑。通过大数据技术搭建辖区基础模型，基于智能模型和信息技术，实现对日常工作与突发事件态势、趋势的预判。例如，百度通过大数据呈现各城市迁徙、交通、拥堵、人流量等状况，提供人口迁徙的路况大数据服务。据了解，在新冠疫情期间，迁徙大数据平台已开放了300余个城市的人口迁徙来源地、目的地、迁徙规模指数与趋势指标查询。大数据分析为锁定疫情输出的主要区域、预测疫情发展态势、预测潜在感染群体提供了动态化、可视化和智能化的支撑，为政府部门、卫健部门在加强突发公共卫生风险的预测评估、精准施策和应急管理方面提供了坚实的决策参考。

（二）厘清基于业务数据的数字化基层治理与服务

以物联网为代表的感知技术为基层治理数字化转型提供了一个新的契机，如当下的物联网技术，可以实现对密集且变动性强的业务和人群进行实时管控。地理位置、生命状态、情感状态、实时定位、人口追踪等诸多方面也可以通过物联网实时监控加以实现。这既可以为后续的数字基层治理提供支撑，也可以从一定程度上缓解基层人员短缺这一突出问题。为此，各基层组织正积极且充分地融入"一网通"平台等智能互联平台。

在基层治理过程中会产生大量的业务信息，这些信息往往是结构化、非结构化和半结构化的，将这些多源异构的信息转化为可以利用的数据，这是开展数字基层治理的前置要件。就目前来看，许多基层单位依旧采用传统的主动与被动数据采集方式，效率低下且数据质量不高，所以凭借物联网和移动情景感知等技术的推广应用，可以帮助数据收集者和使用者高效便捷地自动收集类型外延更广的业务数据。与此同时，基层各主体在数据采集方面经常存在一数多源的情况，各部门因使用不同的数据标准也使得数据难以有效整合。因而，采用多源数据融合策略，利用好源数据，制定模型定义统一的数据描述标准，方便采集数据的存取。因此，要想在基层开展好智慧化服务，需要在数据要素的驱动下，依托先进的数据收集和分析技术，自动且精准地感知与识别不同目标群体的服务需求，综合利用情感分析、语义识别、自动问答、AI和可视化等多种技术手段，面向多元化个性化的公民需求，精准提供民生服务。在推进感知智能化和治理过程数据化进程中，将医疗、交通、治安、教育等数据汇集到统一的数字化平台，并允许各基层服务部门按需获取相关政务数据，这为整合辖区内事关民生的数据奠定了坚实的基础。

数字技术赋能基层社会治理水平提升，具体可分为技术赋能和技术赋权两种方式。所谓技术赋能，即基层治理主体通过数字化技术，优化基层治理的体制机制和工作流程再造，提升治理能力，提高治理效率，深化治理效果。例如，基层社区的网格化管理便是通过移动互联网、大数据技术等，将基层的风险隐患从源头上发现并上报，然后通过技术流程化管理机制予以解决。技术赋权则是指基层民众等权利主体可以通过便捷的技术手段来满足自身公共服务需求，并且能够参与基层社区事务以及各项活动，维护自身的合法权益。在我国部分地区，类似"村情通""掌上通"等智能App已借助数字化社区建设在当地的行政区域广泛使用，基本实现了民情民意智能化、办公办事掌上化。可见，基于业务数据的科技使生活更美好，"群众少跑腿""一网通办""指尖办"等新模式，彰显出数字社会的便民价值。

（三）推动数字基层治理运行机制创新

1. 建立党建引领数字治理机制

坚持以党建为引领，凝聚数字治理合力。加强和改进党的政治领导，落实党对社会治理的领导权和领导力，关键在于建立健全党对社会治理的领导体制，突出牵头和抓总，突出制度和规范，建立纵向到底、横向到边、服务到位的数字基层治理体系，构建以党建为魂的共建共治共享的社会治理新格局。一方面，基层党委要不断提升纵向到底的数字治理统筹协调能力，强化街道、社区党组织二级联动，确保基层党组织有充足的数字资源和能力为群众服务。社会治理创新是综合性的改革行动，是一种全方位、多领域、深层次的数据要素协同策略，既要推动数字资源向党领导的中枢治理机构集中，也要向基层治理单元延伸。要不断提升党组织横向到边的协同治理能力，强化基层党建、单位党建、行业党建互联互动，确保基层治理数字化的共建共治共享。党组织在社会治理中难免会遇到数据资源不足的问题，因而需要整合区域内驻区各个单位的数据资源，形成区域化大党建格局。另一方面，提升基层党组织服务到位的精准服务能力，强化党建网格与治理网格的融合，确保基层服务的全面化和精细化。为推动社会治理重心向基层下移，提高社会治理社会化、法治化、智能化、专业化水平，应着力构建"组织全覆盖、管理精细化、服务全方位"的数字网格化大党建工作机制。基层党委要以数字治理为导向，探索社会治理工作新模式，选拔基层数字化专业工作人员，制定数字治理主题党日制度，推进党支部数字赋能社会治理标准化、规范化建设。整合数据资源，通过党建充分发挥数据要素的聚合效用，切实确保数据要素"大起来、活起来、用起来"，并通过动态跟踪、实时更新、自动抓取等方式，为数据分析和决策应用做准备。此外，党建引领有助于打通城市神经网络，解决基层治理"最后一公里"，通盘全时段分析研判，动态调配各类公共资源，修正城市运行漏洞，积极助力城市治理数字化进程。

2. 建立基于数据思维和能力的决策、共享和沟通机制

其一，传统的社区治理主要通过"个别性""经验性""直觉性""碎片性"的定性方式进行社区管理工作的决策。大数据平台的构建实现了数据的共享和开放，能够整合海量、实时、完整的数据资源。发挥大数据优

势，对来自基层的线上、线下数据进行全面收集，获取基层社会运行机理和社区治理现状以及国内外文献案例等大数据，进而进行逻辑判断和归纳总结，明确基层社会各相关数据要素，以数据思维和能力精准确定治理主体、客体和因素。利用数据平台的开放性，将数据的采集和分析作为数字基层社会治理工作的逻辑起点，能够反映街道及社区的异质性社会生态对社会治理的特殊性。

其二，大数据推进社区治理需要实现对系统内部的资源和信息的合理分配和利用，发挥治理系统的协同效应最大化。数据共享机制包括信息安全共享、信息技术共享等。信息安全共享要求社会治理相关利益主体将占有信息资源透明化，并在大数据平台上整合多元化需求信息。信息技术共享是指用于处理和管理共享信息的传感技术、计算机与智能技术、通信与控制技术等先进技术，能够在社会治理主体间共享，以便更全面地掌握治理工作相关的信息资源，解决基层治理难题。

其三，政府作为社会治理大数据平台的建设和应用推动者，要运用数字化技术，推进数据标准化建设，盘活存量数据资产。通过采用多级网络和中心数据库，推动纵向信息系统整合；以云平台为枢纽，实现跨部门的共享与融合。不同层次和部门的数据，按照风险等级开放数据资源。基层治理要成为社会常态化治理和非常态化处置的"阻燃剂"，基层工作者如社会工作者不能局限于传统物理空间的信息沟通渠道，应基于大数据平台信息沟通机制，传递各项事件风险的利益诉求，精准链接资源，缩短政府与基层的距离，降低居民的社会剥夺感。

3.建立多元主体协同治理机制

参与数字基层治理的主体不仅包括街道、社区、社会组织及社会工作者、志愿者等普通社区治理的工作者，也包括政府的社会保障、房地产、市政、教育、卫生等职能部门，以及辖区内的房地产、施工、物业管理等企事业单位。通过数据挖掘，在识别、分析、评价、决策、防范、处理等治理过程的不同环节，明确不同的治理主体。多元化治理主体运用大数据技术推动治理要素和社会资源在基层网络聚集整合，需要从各自条块化、零散性分治转变为平台整体联动的协同治理，将治理工作从传统的末端处置前置向源头防范转变。利用大数据优势，精准判断基层各类群体，开展帮扶、疏导、资源链接、矛盾化解等各项治理工作。在协同治理过程中，涉及利益相关者谈判、协商、利益分配等问题，都必须在双方或多方基于数据平台信息透明的前提下，共同寻求解决问题的途径，保证利益的真实表达和均等性，提高居民对社区的信任度。

（四）关于数字赋能新场景的实施举措

运用大数据技术打造基层社会治理应用场景，可按照如下步骤加以实施。

一是有关部门进一步加强研究数字技术在社区治理中的技术优势，制订发展战略规划与顶层设计。由科研院校领域专家、治理专家、科技型企业、社会组织、社区负责人在党的领导下以多元主体身份组建专家组，参与研发，制订数字赋能基层治理新场景建设的实施方案。

二是试点应用，创新实践。结合全面推进智慧平安小区建设工作的开展，在基层寻找试点，结合街道社区需求，在专家组的指导下，由有技术优势、专项资金的科研院所与企业共同提供解决方案，完成"基层治理新场景"落地应用。加大支持力度，架设沟通内外资源的桥梁，提升智慧城市基层治理能力。例如，北京市石景山区八角街道建钢南里社区正在与北方工业大学开展社区风险监测和社区治理项目，建立人口数据库系统，就是一个基于大数据等新技术的社区治理应用场景实践。

三是梳理经验成果，复制推广。对试点社区案例进行深度总结，形成可复制可推广的经验成果，以大数据平台广泛赋能社区，依托治理大数据，强化党的领导，加强舆情监测、快速响应群众需求，持续提升人民群众的获得感、幸福感、安全感，进一步推进基层社会治理体系和治理能力现代化。

四是将"基层治理应用场景"寓于智慧城市、智慧社区建设之中。在智慧城市建设中，要将大数据平台建设同街道及社区服务平台精准对接，进而形成可实施统一控制的平台。与此同时，应在智慧城市建设中明确制定相应标准，确保数据安全、可靠、可控。

三、实现数字基层治理与服务的策略

（一）基层治理的三要素

在我国处于最基层的社区，是基于某种互动关系和文化维系形成的共同体及其活动区域，从不同的维度来看，有混合社区、老年社区，传统社区、发展中社区、现代社区或发达社区等类型。由于社区类型各不相同，发生影响的因素自然也不同，社区发展程度最终呈现出错综交叠的状况。概括而言，社区建设与发展要素主要分为人、物和管理三个方面。

1. 人

社区内部人员密集，人员复杂，除了常住人口，还有流动人口、特殊人群以及重点人群等。尽管依照不同社区类型，人员成分的构成有较大差异，然而总体来看，社区人员呈现出年龄跨度大、职业分布广、行为表现各异等基本特征。社区既有守法公民，也有潜在的危险分子和犯罪嫌疑人员。社区作为一个开放且流动的场所，不但有社区居民上下班这种常态的变化，还有承担物流快递、维修家装、商业推广等工作的临时流动人员。

2. 物

社区内有各式各样的设备设施，包括社区的供配电、给排水、暖通空调、燃气、电梯、安防、消防设施等，既有水电气的不间断供应，也有暖气的季节性供应，还有电梯的间歇性供应，它们的正常运行是社区人员生活基础与生命安全的基础保障。社区各类设备设施密集交互且运行条件各异，是城市生命线运行系统的"神经末梢"和"毛细血管"。一旦遭遇自然灾害、事故灾难、公共卫生、公共安全等突发事件的袭击，由社区人—机—物空间交叠形成技术故障与人为因素并存的隐患，就会引发风险的叠加效应，对社区产生巨大的冲击，进而导致城市的链式反应和耦合效应。

3. 管理

社区存在"人—行为、事—流程、地—网格、物—状态、组织—业务"等多种类型相互交织，以及"警务治安、政务服务、物业管理、综合治理"等多业务相互交叠的现实问题。而当前的社区管理工作分属警务、政务、物业、综治等不同业务部门分条线管理，各部门之间存在职权、流程、信息等诸多方面沟通不畅、共享不足的问题。如前所述，鉴于社区因素交织复杂，各部门"九龙治水"的状况必然导致对社区治理缺乏整体性把控，数据信息的碎片化也难以应用于进行智能分析等科技应用，这都源于传统的社区治理模式、方法及组织方式。

（二）构建以社区风险为中心的全流程管理体系

当前，社区安全是基层治理风险防范的一项重点工作。根据夏楠等学者构建的社区风险防范的三角形模型，以社区风险为中心，智慧社区风险防范围绕"人、物和管理"三要素展开，进行社区内所有活动的监测监控、预测预警和智能防范，形成社区风险管理的全流程覆盖，实现社区响应的体系化应对与闭环管理。

1. 监测监控

近年来，随着物联网、大数据、智能传感、模式识别、定位等技术日益成熟，尤其是人员定位、身份识别、无线传感网等前沿技术取得了诸多成果，从整体上看，其在社区风险监测监控和网格化创新管理方面得到了快速的推广应用。首先，在人员定位技术领域，代表性技术有卫星导航定位、惯性导航和 UWB、ZigBee 和 Wi-Fi，其能够提供较高精度的室内外定位。[①] 如北京邮电大学研发的定位技术，是通过通信基站发送通导一体化信号，以实现室内外统一技术框架下的定位技术。其次，在身份识别技术领域，针对开放场景下基于单一生物特征的技术存在应用困境这一问题，非配合式身份识别技术的国际发展趋势为采用国际生物特征组织的多种生物特征进行了融合验证。作为未来数字经济时代的核心技术之一，蚂蚁金服、科大讯飞等进行了积极推广应用。旷视科技公司自主研发的基于计算机视觉的人脸识别算法具备显著优势，该算法在多项国际比赛中荣获第一名。Meta（更名前为 Facebook）的人脸识别技术 Deep Face 的贡献在于对人脸对齐和人脸表示环节的改进。最后，在无线传感技术领域，无线传感网与物联网技术的深度融合中，特别是在工业 4.0 智能制造的推动下，工业传感网展现出了迅猛的发展态势。DCS（分布式控制系统）工控总线和 PLC（可编程逻辑控制器）网络通信技术的深度融合，并结合"互联网 +"的应用模式，显著提升了云端社区关键基础设施的状态监测与预警管理能力。国内外多家知名企业积极投身于这一领域的技术

---

① BATISTAN C，M ELICIOR，M ATIAS J C O，et al.Photovoltaic and wind energy systems monitoring and building/home energy management using ZigBee devices within a smartgrid［J］.Energy，2013，49：306–315.

创新与市场推广。国内方面，浙大中控、华为海思等领军企业聚焦于物联网架构优化与物联网芯片的研发，大力推广基于 4G 时代的 NB-IoT（窄带物联网）技术的工控物联网深度应用，引领行业发展趋势。国际舞台上，西门子、三菱等老牌工控巨头也纷纷加速布局，将传统优势与新兴技术相结合，推动产业升级。特别是特斯联科技集团有限公司与华为技术有限公司在北京市海淀区合作开展的智慧社区项目试点，不仅实现了全国首个社区级 5G 网络应用的落地，更为智慧城市的建设树立了新的标杆。此外，基于无线传感网技术的各类创新应用也层出不穷，如日本的 Wi-SUN 失智症老人监护系统、IBM Watson IoT 电力系统智能预测运维系统、美国辛辛那提大学的 Watchdog Agent 运维系统。在国内，社区管理一体化安全管理平台等产品的推出，也标志着无线传感网技术在社会管理领域的广泛应用与深入融合。然而，在社区风险监测监控方面，依旧存在人、机、物之间分隔的现状问题，缺乏一体化、综合集成、无缝衔接的监测监控技术与系统装备及相应的解决方案。

2. 预测预警

随着社区风险挑战难度的持续增加，在大数据技术和计算能力高速发展的形势下，基于大数据分析和高性能计算的方法在公共安全领域的应用已然成为主流趋势，预测预警技术主要分为数据分析和模型计算两大类。Google、IBM、微软[①]、百度、阿里巴巴等知名企业均已开展基于大数据分析的预测预警技术研究。与此同时，国内外诸多知名高校也进行了相关的深入研究。清华大学公共安全研究院在公共安全大数据分析、预测预警与应急决策等方面拥有领先技术，承担了国家应急大数据平台的设计

---

① JUN S P, YOO H S, CHOI S.Ten years of research change using Google Trends：From the perspective of big data utilizations and applications［J］.Technological Forecasting and Social Change，2018，130（4）：69-87.

与研发等项目，完成了大规模灾害动力学演化与交通疏散过程模拟。中国科学院网络信息中心构建的科技大数据与云服务平台，在大数据融合和超大规模数据密集型计算等方面优势显著。[①]北京大学在社区建筑群结构安全大规模快速计算技术方面处于国际领先水平。伦敦大学学院（UCL）的巨灾模型及快速风险评估技术得到了广泛应用。然而，关于数据与计算交互集成分析的方法等相关研究却较为少见，在国内外也鲜有报道。

3. 智能防范

全世界在智能防范、智能感知主题方面的研究成果众多，然而彼此间差别并不显著。例如，Google 发布的 Crisis Map 可以让人及时知晓飓风的走向，并提供当前飓风位置、对未来 3 天天气的预测及应急避难场所等信息。随着 IBM 智能物联与智慧城市解决方案的推广应用，中国建筑科学研究院有限公司将 BIM 系统与增强现实技术运用于智能建筑、社区防灾减灾等领域的研究中，这些成果为社区智能防范提供了诸多参考和借鉴。北京市东城区首创的网格化管理为社会治理提供了新思路，并以此为基础开发了综合网格管理模式和业务系统，进而为创新社区治理和智能安防提供了平台应用。北京城市系统工程研究中心从国家级课题层面对社区风险评估、网格化管理体制机制进一步深入研究，从理论层面探索社区风险智能防范。北京市西城区西长安街"数字红墙"系统，依托"多网融合"综合网格化管理理念，是智能感知技术运用的一个成功实践案例。此外，跨领域数据集成共享协作平台、云服务平台、综合集成平台等建设，作为创建智慧城市的重要一环，正从理论不断向实践转化并开始推广应用。在我国，社区治理模式逐渐形成条块分割的安全风险管理系统，就目

---

① GUO D H, DU Y.A visualization platform for spatio-temporal data : A data intensive computation framework［C］//Proceedings of 2015 23rd International Conference on Geoinformatics. Wuhan : IEEE, 2016 : 1-6.

前来看，针对网格化和平台化的社区风险智能防范技术与系统的研究同实际应用需求之间仍存在一定的差距。

未来，监测监控方面的室内外一体化无缝衔接的高精度定位技术解决方案、多种生物特征融合验证、基于智能物联和平台集成化的运行监控，预测预警方面的数据与计算交互集成分析的方法，以及智能防范方面的一体化社区智能防范技术，均是发展趋势。鉴于此，社区风险防范是一项综合性的系统工程，大数据平台作为社区风险监测监控数据综合集成汇聚的基础平台，不仅为社区风险预测预警提供计算数据基础，也为预测分析数据提供存储，支撑实现社区风险智能防范。例如，安元科技股份有限公司的"智慧安全"是在统一云计算 PaaS 平台基础上快速构建的适用于安全管理、风险管理等相关领域的 SaaS 业务应用平台，并且还结合了云计算、物联网、大数据等，所构建的这一综合信息化平台，符合未来工业互联网和安全风险管理信息化的发展趋势与发展方向。

（三）研发社区综合管理与服务软件

1. 构建社区多源异构大数据分析系统

该系统旨在推动社区"人—事—地—物—组织"的数字化，促进社区多元异构大数据汇聚、融合。其包含多源异构数据的采集汇聚和时空融合分析技术，实现 GIS、3D 影像、BIM 的数据融合；基于风险索引的社区数据知识图谱和本体模型，实现面向社区风险防范的多维度数据关联和语义融合，以及跨领域数据的融合分析；社区大数据系统实现社区风险大数据的综合集成、共享分发与应用服务；通过社区安全风险认知与行为特征调查分析，精准把控社区人群分布特征及安全应急管理优势和短板。

2. 构建基于社区"人—物—管理"的风险管理与服务系统

针对人的问题，研究包括室内外自动切换及平滑过渡的人员定位技术、人员异常空间轨迹识别与预警方法、社区矫正人员监控监管和信息化核查、社区矫正人员异常轨迹识别与预警功能、社区矫正人员管控终端装备、重点人员与特殊人群监测预警系统等；针对物的问题，研究包括基于智能物联和边缘计算的社区设备设施"端—边—云"实时运行智能监控系统、基于"端—边—云"的社区设备设施风险监测系统开发（装备）、社区设备设施动静态风险评估等；针对管理的问题，研究包括社区网格场景下人员多维生物特征融合验证机制、社区风险防范人员和装备网格分布优化模型、边缘计算与 GPU 计算相结合的社区视觉异构计算等。

3. 构建面向社区安全的风险监测与防范一体化平台

首先运用"数据—计算"深度交互的社区风险情景计算与预测预警技术，进行社区综合风险情景分析。以地震为例，实现区域化社区建筑群建模和地震灾损分析，构建社区风险海量情景库，提升社区风险综合预测分析能力，研发了社区综合防灾减灾计算分析系统。以此为基础，建立社区警务、政务、物业管理、综合治理一体化的社区风险智能防范平台，进行社区综合风险的分析与预测。运用"人—事—地—物—组织"多粒度跨领域智能化集成管理技术，建立社区多主体在线协同、多信息共享融合、交互式动态切换的风险防范机制。

四、构建数字安全基层治理综合体系

（一）构建基层大数据综合信息平台

一是改变传统数据治理思维，在基层深入实施大数据战略。在上级政府的统筹指导下，优化本层级及其下辖单位的数据管理体制与体系，加强数据资源的管理深度，努力打破长期以来形成的"数据孤岛"，推动形成"数据共享"的有利格局。坚持数据全面汇聚共享，加快推动行业专业数据、政府部门管理数据、公共服务机构数据、互联网数据整合融合，加快建设跨部门的基层大数据平台。推进大数据深度应用，建立健全大数据辅助科学决策、风险防控机制。

二是统建标准规范与共享机制，在智慧社区建设进程中形成多系统集成、一体化监测、智能化预警、便民化服务、整体式发展的数据治理格局。制定立足基层实际的大数据技术协议及标准等相关规范，以及统一政府、企业与智库建设的数据编码、处理、共享与交换标准。对来自基层各要素的大数据统一进行采集、处理、分析与精准应用，构建可视化、情景化、规模化与精准化的一体式智能信息综合服务平台，实现传统部门服务模式从单点化、离散化、孤岛化向集中式转变，为构建感知灵、判断准、反应快的数据管理体系提供有效的信息支撑。

（二）构建网络安全综合治理体系

一是完善关键信息基础设施保护机制，加强信息基础设施日常管理，提高网络安全态势感知和持续防护能力。健全网络安全风险动态排查机制，坚决打击网络黑灰产业链，防控电信网络诈骗，提高防范应对网络攻击的能力。为防止不法分子通过远程控制街道主要路段、商圈投放的公共 LED 大屏、智能多媒体显示屏和医院、商场信息系统显示屏等，恶意公开传播不良内容而导致的公共信息安全风险，应安装公共屏智能识别过滤设备，实现实时在线防护、全自动审核过滤敏感内容，并在短时间内判别并示警。此外，设立网络数据传输加密机制。网络数据安全在采集终端进行一次加密处理，整个传输过程应根据不同分发方向进行加密处理，防止出现数据篡改和泄露。

二是针对网上热点事件、敏感负面舆情、网络谣言及煽动行动类信息等网络信息安全隐患，以及重大网络犯罪活动、关键信息基础设施遭受攻击等网络运行安全风险，亟须强化网络治理能力建设。进一步加大对自媒体与网络直播平台的监管力度，强化资质管理与内容安全评估工作。加强网络舆情引导与管理，对于网络安全事件和热点敏感话题，及时发现预警并妥善处置负面舆情信息。致力于打造政府依法监管、网站自净、网民自律、全社会监督的网络治理共同体，给居民一个干净、安全、舒适的网络空间。

（三）构建基于敏捷思维的数据治理机制创新

一是树立"敏捷思维"理念，促使数据采集、流通与使用的正向循环发展。敏捷治理是 2018 年世界经济论坛提出的新概念，并将其定义为"一套具有柔韧性、流动性、灵活性或适应性的行动或方法，是一种自适应且具有包容性和可持续的决策过程"。敏捷思维是在广泛纳入利益相关者的同时，要求能够以更快的速度识别变化中的风险，监管者与被监管者的清晰边界被打破，进而共同探索应对风险的渐进式策略。这不但对于数据治理本身，而且对于推动基于数据的新科技在社会治理中的提前布局和适用，都具有极强的指导性和实践性。

二是加强对数据治理关键核心技术的认知。首先是了解基于互联网社交媒体平台的算法研究和应用工作，侧重于对人机交互技术的理解，并做到"心中有数"。其次是建立风险预测和预警系统，加强数据隐私保护。打击翻墙软件传播和使用，在辖区综合信息平台、微信公众号等上面设立虚假信息举报"按钮"，强化安全信息巡查工作，及时查处和封禁问题账号及相关人员。最后是加强备案审查管理。在公安机关的协助和指导下，对一些数据造假、信息泄露等违法行为，"发现在早，处置在快"，同时加强对辖区内行业规范化管理，建立相应的准入与退出机制。

除了从数据信息、网络安全、敏捷思维等方面系统性保障数字安全，还要密切关注数字技术自身的发展水平，确保其使用效能与精准度达到最佳状态。在人工智能应用方面，要重视硬件设备质量，提高设备运行过程中的抗干扰性，延长设备使用周期，提高测试灵敏度；建立标准进行甄别选择，数据采集质量要按照一定标准进行处理甄别；改进后台算法，确保数据采集、处理、反馈的准确性。同时结合人工干涉，在人工智能采集数据传到后台处理过程中增加研判机制，对于明显出现问题和不合理的数据进行提示，并让人工进行确认处理。

写到结尾，再回到"数字基层治理"的逻辑起点。基层治理的数字化是城市治理数字化体系的基石和底座，也是最能触手可及和立竿见影的数字化应用场景。通过数字技术的应用，基层治理系统逐步将基层社会的事实数字化，逐渐建构成更多具有数字化特性的基层治理新秩序，同时也推动了基层社会的清晰化。实际上，我们所说的数字化与清晰化是事物的一体两面：一方面，社会事实通过数字化转型而被人们所监测和识别，也被纳入数字治理体系中；另一方面，数字化转型以高度技术化的方式实现了对社会事实的测量和计算，并对社会事实进行更为精准的处置。近年来，诸如智慧城市、智慧社区、数字社区和社区网格化等为代表的数字化治理实践，通过数字化方式定义、测量和运算社会事实，进一步明确了治理的责任、流程和方法，提高了基层治理的清晰化程度，尤其是能够根据需求主动而精准地锁定问题、瞄准对象、调配资源、开展治理并提供服务。

在全面数字化的今天，基层治理的数字化转型快速融入居民生活的各个领域，包括小区安全、垃圾治理、车位管理、养老服务和群租治理等，引发了各个治理领域的颠覆性或革命性变化，特别是从"面对面"到"键对键"的转变。数字化技术与社会生活紧密结合，与基层治理深度套嵌，快速建构了数字化的治理全新形态，同时也衍生出数字时代的治理新逻辑，其中最为关键的是，基层治理开始大量以数字化业务为核心开展工作，其核心在于借助数字化技术读取、监测和分析社会事实，对其尽可能清晰地画像，进行分析和辅助决策。这无论是对于政府部门还是人民群众，皆是时代赋予的巨大福祉，让我们看到了数字之美与数字未来！

后 记

科学技术作为人类文明进步的核心驱动力，始终发挥着举足轻重的作用。尤其在当今社会，基础研究的深入与创新的突破，已成为推动经济社会发展的强大动力。科技创新作为第一生产力和第一动力，是科技强国和现代化强国的重要标志，是推动社会进步的关键力量。在我国已步入数字科技时代的当下，数字社会、数字政府、数字产业化及产业数字化正深入推进，新型智慧城市、智慧社区、数字乡村建设在全面展开，全民数字素养、数字技能也在稳步提升，数字经济、数据要素市场以及国家一体化大数据中心的布局齐头并进。当前，党和国家已将"加快发展新质生产力"作为前沿战略考量和最新任务部署，数字经济作为一种使数据成为新生产要素的全新经济形态，其本身就是新质生产力的一种具体体现，更是推动新质生产力发展的重要引擎。随着智能化的普及，数据已经成为一种重要的生产要素进入社会治理领域，基层治理智能化即以大数据为技术基础，旨在将大数据、云计算、人工智能等智能技术运用于基层社会治理场景，为推进基层治理现代化提供支撑。数据资源的有效利用，有助于提高基层治理智能化水平。可以说，数字技术的运用不仅实现了政府应对当前复杂且多元的社会问题进行的战略调整与手段创新，在治理的适用性、有效性和现实性目标下，更是引发了因数字技术而产生的模式调适性变革。

第一，数字技术为社会治理创新开辟了新的空间、带来了新的变革。在空间维度上，数字技术改变了地域概念的传统特征，打破了传统治理"条块分割"的局限，释放出巨大的治理效能；在时间维度上，社会治理本质上以信息及时、有效传递和交互为前提，而数字化以其所具有的独特潜能和优势，全力推动社会治理的提速增效和精准化改革。

第二，从数字技术和社会治理关系角度来看，数字技术是第一生产力，社会治理属于生产关系范畴，数字赋能是城市社会治理创新的核心动力，社会治理上的行政管理和服务方式创新，能够进一步释放数字力量。

第三，信息技术的基础性支撑作用越来越显现，其作为重要抓手，不仅有利于优化新时代社会治理的信息管理平台，还有利于形成社会治理大数据思维，明晰社会治理工作目标，丰富社会治理方式方法，增强对社会问题的把控和解决能力。

第四，将数字技术与社会治理相结合，数据作为社会治理的基础要素，促使其以多元因素推动社会治理的标准化、协同化、精准化、规范化和信息化，主动发现、防范和及时处理各类社会矛盾与问题，维护社会安全稳定和应对社会风险，进而最终保障制度优势切实转化为治理效能。

显而易见，数字基层治理是具备历史可研性的，伴随第四次科技革命的浪潮，从技术革新到场景应用发展，虽历时不长，却对基层治理产生了全新的颠覆性影响。这种影响深远且广泛，短短篇幅难以尽述技术与治理之奥秘。在本书中，我尝试探讨了基层社会治理场域下的数字治理现象。这既是对传统理论与文献的一种传承与坚守，也是对现有范式的一种超越与实践思考。然而，由于数字治理研究这个领域刚刚兴起，基层治理又是个开放场域，从实践经验出发，虽然可以收集到丰富的素材，但要真正厘清其中的复杂关系，却是一项艰巨的任务。在整理近几年的相关资料时，我发现很多时候我们只能进行粗线条的选取和概括，以勾勒出其大致面貌。因此，在面对数字基层治理这一复杂而重要的议题时，我选择采用"逻辑展开"的方式，尽可能地向读者呈现一个完整且清晰的图景。

回顾研究的过往，撰写本书是我自完成公共管理博士后工作之后，于科研方向上前进一步的一点探索、总结和积累。数字基层治理，起源于我在2019年参加北京市社科联组织的"接诉即办"调研活动，彼时首次领略了数字技术的应用。2020年，我受北京市发改委"十四五"规划起草组指派，调研了东城区的"网格化"管理，海淀区、朝阳区的"城市大脑"情况，让我印象深刻的是数据的产生、采集和使用。2022年，我又负责了顺义区"接诉即办"的调研课题，使我对数据、技术、赋能、机制有了更深刻的认识，同时也为我积累了宝贵的素材。回首这段历程，尽管其中不管乏偶然因素的促成，使我连续多年专注于同一研究领域，但不可否认的是，这项工作正是在数字经济蓬勃发展的时代背景下应运而生的。能够顺应时代潮流投身于这一充满挑战与机遇的领域中，我深感幸运之至！

在写作过程中，首先要感谢单位提供的高水平科研平台。在此期间，由于资料和信息上的问题，曾多次叨扰过师友，在此感谢大家的慷慨无私和大力帮助，如李兵教授在数字技术赋能应用场景方面给予我的指导，姜祎博士在资料数据上为我提供的协助，等等。未来，基于本书，我认为数字治理的研究愿景，应乘"人工智能＋"行动东风，持续聚焦社会治理场景的拓展，以基层为场域，面向智慧城市的现实需求以及街道社区的智能方向，建构数据可用、可信、安全的框架，进一步推动以数据、算法、场景聚合而成的人工智能先进技术的开发与使用。与此同时，增强技术落地的适用性，满足多样化的社会治理场景需求，保障数据在法治的轨道下运行，通过对数据库的更新和算法模型的迭代升级，实现政府基层治理由"事"向"制""治""智"变革。

科研之路，充满艰辛，可谓"正入万山圈子里，一山放过一山拦"。纵目而望，数字治理研究方才起航，前景辽阔，未来充满希望。本书仅仅是对数字作用于基层治理场景的一个全貌勾勒，从理论到实践，从实践到思考，尚需要更加系统且深入的研究。但愿本书能够为相关研究提供一点基础或指引，激发出更优秀的研究成果。

魏家齐于北京市东城区

2024 年 4 月 18 日深夜